HOMELIE XIV.

SUR LA PASSION DE JESUS-CHRIST NOSTRE-SEIGNEUR.

Par M. le Curé de S. Sulpice de [illegible]

SECONDE EDITION.

A PARIS;

Chez RAYMOND MAZIERES, ruë S. Jacques, prés la ruë de la Parcheminerie à la Providence.

M. DCCVIII.

AVEC APPROBATION ET PRIVILEGE DU ROY.

HOMELIE QUATORZIÉME SUR LA PASSION DE JESUS-CHRIST NOSTRE-SEIGNEUR.

IL y auroit, ſans doute, de quoy s'étonner, de ce que le Symbole ne nous dit rien de la vie cachée du Fils de Dieu, & de ce qu'il paſſe de ſa Naiſſance à ſa Paſſion, ſi nous n'apprenions d'ailleurs qu'il n'eſt venu au monde que pour mourir, & qu'il ſuffit à tout Chreſtien de ſçavoir Jeſus, & Jeſus crücifié, comme dit ſaint Paul. Mais nous pouvons recüeillir du Livre sacré des Evangiles, ce que le Symbole ne nous dit pas en détail de la vie de Jesus-Christ, & qui peut servir comme d'introduction au Mystere de sa Passion. En effet, ce divin Sauveur prouva la verité de sa Mission, par l'excellence de sa Doctrine, par la sainteté de sa Vie, & par la grandeur de ses Miracles: Il découvrit de grands secrets, mais il les confirma par de grands prodiges. Il commanda de grandes vertus, mais il donna de grands exemples & de grandes graces. Il annonça de grandes veritez, mais il communiqua de grandes lumieres. Plus éclairé que Moïse & les Prophetes, il proposa de plus hauts Mysteres à croire, de plus grandes recompenses à esperer, des Maximes plus épurées de Religion à suivre, des vertus plus parfaites à pratiquer. Il établit la charité pour la fin de la Religion, pour l'ame des vertus, & pour l'abregé de la Loy. Il proposa l'amour de Dieu jusqu'à se haïr soy-mesme, & ce principe de corruption ou d'amour propre que nous avons dans le cœur; l'amour du prochain, jusqu'à étendre cette inclination bienfaisante sur tous les hommes, sans en excepter nos ennemis; la moderation des plaisirs sensuels, jusqu'à retrancher nos propres membres, c'est à dire, ce qui tient le plus vivement, & le plus intimement à nous; la soumission aux ordres de Dieu, jusqu'à le remercier dans ses souffrances; l'abandon à la providence, jusqu'à ne pas songer au lendemain; le détachement des biens du monde, jusqu'à nous dépoüiller de toutes choses; le pardon des injures, jusqu'à prier pour nos Persecuteurs; la chasteté, jusqu'à sacrifier les penſées contraires; le deſir de la vie éternelle, juſqu'au zele de luy immoler celle-cy. Il perfectionna tous les états de la vie. Il regla la ſainte union du Mary & de la Femme, ſelon la forme que Dieu luy avoit donnée dans ſon origine, lorſque beniſſant l'amour conjugal comme la ſource du Genre humain, il ne luy permit pas de s'épancher ſur pluſieurs objets, & le reduiſit à deux ſeuls cœurs, unis d'un lien indiſſoluble & ſacré. C'eſt ſur cette idée primitive que Jeſus-Chriſt s'élevant au deſſus de la Loy, & des Patriarches, reforma le Mariage, & ſe montra, comme diſent les Saints, le digne Fils du Createur, rappellant les choſes au point où elles étoient à la Creation, & établiſſant ſur cet immuable fondement, la ſainteté de l'alliance Chreſtienne, avec le repos des Familles, & la pluralité des Femmes fut ôtée pour jamais. Il montra le Celibat, comme une imitation de la vie des Anges, auquel il eſtoit permis d'aſpirer, & poſſible de parvenir. Il apprit aux Superieurs à ſe regarder comme les ſerviteurs des autres, & dévoüez à leur bien, & aux Inferieurs à reſpecter l'autorité de Dieu dans leurs Superieurs. Il ſe propoſa pour modele aux Preſtres de la nouvelle Alliance, les inſtruiſant de l'obligation qu'ils avoient de l'imiter & de le ſuivre, & d'eſtre comme luy Victimes & Preſtres tout enſemble, & la vie Apoſtolique en fut le premier fruit. Enfin tout ſe ſoutint en ſa perſonne, ſa vie, ſa doctrine, ſes miracles, & tout concourut à y faire voir le Maiſtre du Genre humain, le modele de la plus haute perfection, & le Fils unique du Pere plein de grace & de verité. Cependant les Juifs, pour la pluſpart, ne crurent pas en luy. Un eſprit d'orgueil & d'envie s'empara de leur eſprit; ils s'oppoſerent à luy; ils le contredirent; ils le rejetterent. Ces hommes charnels vouloient un Meſſie belliqueux, qui les délivrât des Romains, & non de leurs pechez; qui leur donnât des biens temporels, & non des graces ſpirituelles; qui les fit regner ſur la terre, & non ſur eux-meſmes. Leur vûë groſſiere n'alla pas plus loin qu'à une felicité temporelle, qu'à ſe promettre un Heros; c'eſt à dire, un homme de ſang & de carnage, un Ravageur de Provinces, qui les vengeât de leurs ennemis, & les exterminât. Ils ne comprirent pas qu'il eſtoit de ce Meſſie ſi promis de reparer l'Univers, de délivrer le Genre humain de la honteuſe ſervitude du diable & du peché, ſous laquelle il gemiſſoit, de le racheter de la mort & de l'enfer, de le rétablir dans ſa premiere dignité, de le reconcilier avec Dieu, de luy r'ouvrir le Paradis, & de luy redonner cette gloire perduë, pour laquelle il avoit eſté formé; car c'eſt en cela que conſiſte toute l'œconomie du ſalut. L'humilité du Fils de Dieu rebuta ces ſuperbes Enfans d'Adam; ils ne purent ſouffrir ſes corrections & ſes reproches; enfin ils ſe porterent à cet horrible excés que de le faire mourir; & ce fut ainſi qu'aprés l'avoir attendu ſi long-temps ſous le nom de Meſſie & de Chriſt, ils le méconnurent quand il vint: Tant il faut eſtre détrompé des fauſſes grandeurs humaines, pour connoiſtre les veritables grandeurs de l'Homme-Dieu ſous ſes apparentes baſſeſſes. Ce qui n'empeſche pas qu'ils ne l'attendent encore, tant ils ſont aveugles,

Que si le Symbole nous dit qu'il a souffert sous Ponce Pilate, & a esté crucifié, mort & ensevely, il a voulu marquer cette circonstance, afin d'autoriser davantage le recit de la Passion, par l'expression du nom du Juge, & par la conformité de l'Histoire sainte avec la profane. De faire voir l'innocence de Jesus par la declaration de celuy-mesme qui le condamna. Et qu'estant mort par le ministere des Payens, aussi bien que des Juifs, il voulut neanmoins estre le Sauveur des uns & des autres, & de figurer les premieres persecutions du Corps mystique du Fils de Dieu par les Payens, exercées d'abord contre son Corps naturel. Au reste, toute sa vie fut une Croix perpetuelle; car il souffrit les miseres de nostre mortalité, dont il s'estoit voulu revêtir, la faim, la soif, la lassitude, le froid, & le chaud. Comme il eut l'usage de la raison du moment de sa conception, les incommoditez de l'enfance luy furent plus penibles, plus mortifiantes & plus humiliantes. L'état de pauvreté dans lequel il voulut naître & vivre, l'exposa à toutes les incommoditez de cette condition. La dureté & l'incredulité des Juifs avec lesquels il vivoit, l'affligerent beaucoup. La vûë de sa Mort douloureuse qu'il prévoyoit, luy fut un grand & continuel tourment: Il est vray qu'il vid l'Essence divine dés le moment de sa Conception, mesme dans sa Passion: Mais c'estoit dans la partie superieure; car la partie inferieure ne reçût alors aucune consolation de la partie superieure, comme elle ne luy pouvoit donner aucune affliction; ce fut deux Hemispheres differens, l'un éclairé, l'autre tenebreux: & il ordonna ainſi le Myſtere de ſes ſouffrances, afin de reparer l'injure que le peché avoit faite à Dieu; de ſatisfaire pour nos crimes; de nous délivrer de la tyrannie du diable & du peché; de nous reconcilier avec ſon Pere; de nous meriter la gloire éternelle; de nous donner exemple, & de nous obtenir la grace de la patience, & l'amour de la Croix: deſirs qui l'obligerent de ſubir des tourmens épouventables en ſon Corps; des peines incomprehenſibles en ſon Eſprit; une mort cruelle & ignomi-nieuſe, afin de nous racheter du ſupplice des enfers que nous avions merité; de montrer combien il nous aimoit; de nous donner plus d'éloignement du peché expié par l'effuſion d'un ſang ſi precieux; de nous eſtre un modele achevé de toutes les vertus les plus heroïques; d'attirer grace ſur nos ſouffrances; d'exciter davantage noſtre reconnoiſſance & noſtre amour; de montrer la grandeur des biens qu'il nous procuroit, & des maux dont il nous délivroit, & de nous porter à la conſervation de ce ſalut, avec d'autant plus de ſoin, qu'il luy a coûté plus de peine; de relever la dignité de la nature humaine, faiſant vaincre le demon par l'homme, & nous faiſant recouvrer la vie par la mort: Et choiſiſſant pour theatre d'un ſi merveilleux triomphe, l'Arbre de la Croix, afin qu'on vid mieux qu'il eſtoit le veritable fruit de vie qui venoit pour reparer le peché que nos premiers parens commirent, mangeant du fruit de l'Arbre défendu, & en eſtre la victime & le contrepoiſon, devenant ainſi un modele de vertu expoſé à tous les hommes, afin d'attirer tout à luy; de nous meriter la mort ſpiri-

tuelle

tuelle, nous détachant & ſeparant de toutes les choſes terreſtres & baſſes ; de témoigner par ſes bras étendus, ſon amour pour le Genre humain qu'il appelloit à luy ; d'accomplir ce qu'avoient figuré Noé porté par l'Arche qui ſauva le monde ; Jacob croiſant ſes bras & beniſſant ſes Enfans ; Moïſe par ſa verge délivrant le Peuple de Dieu, & par une poſture crucifiée luy obtenant la victoire ſur les Amacelites ; le ſerpent élevé au Deſert, à l'aſpect duquel on eſtoit guery. Et ce qui rendit ſa Paſſion pleinement ſatisfactoire, fut la grandeur de la charité avec laquelle il ſouffrit pour nous, elle eſtoit ſans bornes ; la dignité du prix qu'il offroit, c'eſtoit ſa vie propre d'une valeur infinie ; l'univerſalité des peines qu'il acceptoit, elles eſtoient immenſes : Il voulut donc mourir, afin de ſubir le peine impoſée au peché ; de montrer qu'il eſtoit homme ; de nous conſoler de noſtre mort en vûë de la ſienne ; de nous eſtre une figure de la mort à la ſenſualité, qu'il nous a meritée par ſa mort corporelle ; d'exciter noſtre eſperance par ſa Reſurrection ; de faire voir qu'il avoit vaincu la mort, en luy faiſant laſcher priſe, quand il ſortit du tombeau.

PREMIERE CONSIDERATION.

On peut dire que la Paſſion de Jeſus-Chriſt commença dés le Dimanche des Rameaux, auquel jour on portoit les Agneaux, qui ſuivant la Loy, devoient eſtre immolez pour la Paſque des Juifs le Vendredy ſuivant : ce qui ſignifioit que Jeſus-Chriſt, l'Agneau de Dieu, venoit accomplir les figures, & par son Sacrifice se mettre en la place des anciennes Victimes. Ce fut donc dans ce jour si celebre, que les Juifs portant des Palmes & des Rameaux d'Olivier, & jettant des cris d'allegresse & de joye, sortirent au devant de Jesus-Christ, monté sur une Asnesse, & puis sur un Asnon, qui n'avoit encore porté personne. Or, ces Palmes & ces Branches d'Oliviers signifioient *les Trophées* que le Fils de Dieu par sa Passion devoit remporter sur le Peché, le Diable, & la Mort. *La paix* que ce Roy pacifique venoit comme la Colombe annoncer au Genre humain. *La misericorde* divine, & *l'effusion* de la Grace qui découleroient du Pressoir de la Croix. *Le remede*, ou l'Huile mysterieuse dont ce pieux Samaritain gueriroit nos playes. *Les œuvres de charité* dont il faut que nos mains soient pleines; & *les victoires* que nous devons avoir remportées sur nous-mesmes: Ces habits par terre, ces branches coupées, & ces agneaux portez en ce jour pour estre immolez, figuroient *le dépouillement* du vieil homme, *le retranchement* des convoitises, & *le sacrifice* parfait de nous-mesmes, si nous voulons avoir part au triomphe du Fils de Dieu, & aller à la rencontre de ce celeste Epoux au jour du Jugement. Ces Troupes qui precedoient & qui suivoient, marquoient *l'ancien & le nouveau Peuple*, dont l'un promet, & l'autre suit le Sauveur. Ces deux animaux déliez, sur lesquels Jesus-Christ monta successivement; *le Juif* accoûtumé au joug, & *le Gentil* jusqu'alors indompté, qui devoient tour à tour estre soumis à sa Loy. Aussi fut-ce au milieu de cette celebre Feste, que quelques-uns de ceux-cy, qu'on peut nommer leurs prémices, s'adresserent aux Apostres, & les prierent de leur donner accés auprés de luy : *Nous voulons voir Jesus*, leur dirent-ils : Paroles qui marquoient le desir pressant qu'ils avoient de le connoistre, lorsque les Juifs vouloient cesser de le voir, & l'ardent amour qu'ils auroient un jour pour luy, & que ce jour qui devoit estre le leur s'approchoit, & estoit attendu d'eux avec impatience : Aussi à cette requeste Jesus Christ tressaillit de joye, & dit : *L'heure vient que le Fils de l'Homme sera glorifié par tout l'Univers, & l'Empire du demon détruit : & si je suis une fois élevé de terre, j'attireray tout le monde à moy.* Et pour lors on entendit cette voix du Ciel : *Je vous ay déja glorifié* par la Religion du Juif : *Et je vous glorifieray encore* de nouveau par la conversion du Peuple Gentil, qui commence où l'autre finit. Cette Entrée glorieuse au Temple, *l'Entrée de la Nature humaine* dans le Ciel, que Jesus-Christ luy r'ouvroit, & dont Jerusalem estoit la figure, de quoy nous voyons une Image dans la Procession, & la Ceremonie que l'Eglise fait à la porte de nos Temples. Apprenons encore de cette Feste, la vanité des grandeurs, & l'inconstance des hommes. Aujourd'huy ce n'est que gloire & qu'éclat, Vendredy ce ne sera qu'ignominie & que douleur. Admirons la modestie du Sauveur, & l'exemple édifiant qu'il nous donne ; car il prend soin de mêler les humiliations avec la pompe, pour confondre l'orgueil des hommes : Ce Roy des Rois se sert d'une monture, mais c'est un vil animal d'emprunt ; il souffre les acclamations, mais c'est de la populace ;

il se fait accompagner de ses Disciples, mais ce sont de pauvres Pescheurs; il tolere ceux qui le loüent, mais ce sont des Enfans; il triomphe, mais il permet aux Juifs de l'insulter; il veut racheter l'homme, mais il veut que ce soit par sa Mort & Passion; il avoit un nombre infiny d'autres moyens, mais celuy-cy parut plus convenable à sa Justice & à sa Misericorde: Voyes par lesquelles Dieu se communique aux hommes: *A sa Justice*, puisque par l'effusion de son Sang innocent injustement répandu par le demon, le demon fut justement dépoüillé de son domaine sur le Genre humain, l'injure que le peché avoit faite à Dieu pleinement expiée, & nostre rançon plus qu'abondamment payée: *A sa Misericorde*, puisque l'homme estoit dans une entiere impuissance de satisfaire pour le peché, particulierement de tout le Genre humain, de se guerir, de meriter le pardon, de se délivrer de l'Enfer, de se rapprocher de Dieu, & de se procurer la grace & le bonheur éternel. *Seigneur*, dit saint Augustin, *nous aurions crû, vous voyant si éloigné de nous, ne pouvoir estre unis à vous, & devoir desesperer de nous, si vostre Fils, pour nous rassurer, ne fût venu se faire chair pour nous, demeurer avec nous, & s'immoler pour l'amour de nous.* Jesus-Christ pouvoit donc racheter les hommes par le plaisir & par la gloire, & il luy estoit facile de les faire heureux, sans se soumettre à tant de miseres: mais voyant que les hommes douteroient de sa charité, si leur salut ne luy coûtoit gueres, & qu'ils prendroient pour pretexte de leur ingratitude, ou de leur incredulité, la facilité de leur redemption, il voulut les ſauver par l'ignominie & par la douleur, afin qu'ils fuſſent malgré eux convaincus qu'il les aimoit, & qu'ils ſe viſſent d'autant plus engagez à l'aimer, qu'il avoit enduré toutes ſortes de peines pour leur témoigner davantage ſon amour, & qu'ils ſçuſſent qu'il ne leur ſuffiſoit pas de l'aimer, s'ils le vouloient faire utilement, à moins qu'ils ne l'aimaſſent, comme il les avoit aimez. Enfin Dieu le Pere, principe de toute fecondité, n'ayant créé ce monde avec toutes ſes beautez, que pour l'amour de ſon Fils, & afin qu'on eût pour ce Fils un amour ardent, dit ſaint Jerôme, ce meſme Fils voyant l'injure que ce monde ingrat avoit commis contre ſon Pere, voulut s'abaiſſer juſqu'à ſe faire homme, & mourir pour l'amour de ſon Pere, afin de reparer l'outrage que le peché luy avoit fait, qu'on eût pour ce Pere ſi chery, & ſi honoré un amour ardent, & qu'on apprît du Fils combien le Pere merite d'eſtre aimé & adoré. Quel retour, quel reflus, quel reciproque amoureux! Il eſtoit donc convenable qu'il mourût ainſi, puiſque ſa ſageſſe l'a jugé ainſi à propos; & que par là nous avons connu combien Dieu aimoit & eſtimoit l'homme devenu vil à ſes propres yeux, & ce qu'il valoit, par le cas que ſon Createur en faiſoit, nous avons eu un parfait modele des vertus neceſſaires au ſalut de l'homme; de l'obéïſſance, de l'humilité, de la Penitence, & de la Juſtice, & conçû une plus grande horreur du peché, pour la reparation duquel il faut une telle Victime. Si Jeſus-Chriſt fût mort de maladie, comment croire qu'il venoit nous delivrer de nos langueurs & de nos infirmitez? Et si sa Mort n'eût esté aussi certaine & publique, comment ne pas douter de sa Resurrection? S'il eût par d'autres voyes, que par l'obéissance, l'humilité, la patience, & les autres vertus, ravy la proye au demon, cet esprit orgueilleux & rebelle n'auroit-il pas, quoy qu'à tort, murmuré contre l'autorité qui l'eût dépoüillé? Et l'homme auroit-il sçû qu'il ne le peut chasser de son cœur, que par les mesmes moyens dont Jesus-Christ s'est servy pour le chasser du monde? Il souffrit donc de la part *des Juifs, des Gentils, des Demons*, tout ce que la plus noire envie, la plus aveugle impieté & la plus horrible fureur purent leur suggerer: *de ses Disciples & de ses Amis*, qui le trahirent, le vendirent, le livrerent, le renierent, l'abandonnerent. Celuy qui souffroit pour tous, souffrit de tous; *des Prestres, des Magistrats & du Peuple*, qui l'accuserent, le reprouverent, & demanderent sa mort à hauts cris; *des Rois & des Grands de la Terre, des Juges, & des Bourreaux, des Soldats & des Malfaiteurs*, qui le mépriserent, le condamnerent, le maltraiterent, le crucifierent, le maudirent. Il souffrit *en sa reputation*, ayant esté accusé d'un nombre infiny de crimes, insulté & accablé d'injures, de calomnies, de reproches, de mocqueries, de railleries sanglantes: *en son honneur*, estant traité de seditieux, de seducteur, de blasphemateur, postposé à un homicide, reputé digne d'estre supplicié avec les scelerats, & les plus grands pecheurs: *en son ame*, par des délaissemens épouventables de la part de son Pere, & par le poids effoyable de tous les pechez du monde, & des peines qu'ils meritent : *en ſon Corps*, & en tous ſes Membres, ayant eu *ſa Teſte* percée par les Epines, & meurtrie par les coups de Roſeaux ; *ſon Viſage* livide de ſoufflets & de coups de poings ; *ſes Mains* écorchées par les liens dont on le garota, & tranſpercées auſſi bien que *ſes Pieds* par les Clouds ; *ſa Chair* déchirée à coups de foüets. Il ſouffrit, ſelon tous les Sens, *ſes Yeux*, par la vûë de la rage de ſes Ennemis, de la deſolation de ſa benite Mere, des inſtrumens de ſon Supplice : ces Cordes, ces Verges, ces Foüets, cette Colomne, ce Roſeau, ces Bâtons, ces Epines, ces Cloux, ces Marteaux, cette Croix, cette Eponge, cette Lance, ce Fiel, ce Vinaigre, ô Dieu, quel ſpectacle ! *ſes Oreilles*, par les blaſphemes, les menaces, les imprecations, les déri-ſions, les impietez qu'il entendoit ; *ſon Gouſt*, par le Fiel & le Vinaigre, dont on l'abreuva ; *ſon Odorat*, par le lieu infecté de cadavres, où on le crucifia ; *ſon Toucher*, par toutes le rigueurs qu'on exerça ſur ſes membres ; le Prophete ayant prédit que depuis la plante des pieds juſques au ſommet de la teſte, ce ne ſeroit qu'une playe ; nulle partie de ſon Corps myſtique n'eſtoit ſans peché, nul endroit de ſon Corps naturel ne ſera ſans bleſſure, particulierement à cauſe de la délicateſſe de ſa complexion, qui le rendoit plus ſenſible à la dou-leur : & tout cela *dans ſa jeuneſſe*, où la nature plus for-te, plus vigoureuſe, plus vive, & plus capable de ſouf-frir, reſiſte davantage aux tourmens & aux peines, en eſt plus ſuſceptible, & les ſens plus dans leur entier ; *dans un lieu public*, & élevé, au milieu d'une grande Ville, devant un peuple infiny, en plein jour ; *par un supplice le plus long*, le plus douloureux, & le plus infame. Joignez à cela l'idée qu'on doit avoir de Jesus-Christ, auprés duquel tout ce qui s'appelle grandeur d'ame, élevation, noblesse, generosité, n'est que bassesse & que roture ; quelle fut donc l'indignité qu'il ressentit, avec laquelle on le traita, & dont il fut couvert ? D'où il s'ensuit que les peines de Jesus-Christ furent *immenses*, dans leur nombre & dans leur grandeur ; *interieures & exterieures* en l'ame & au corps ; *universelles & singulieres* dans tous ses Membres, & dans chacune de ses facultez, pour tout le Genre humain en general, & pour chaque ame en particulier ; *naturelles & surnaturelles*, ayant éprouvé la rage des hommes & des demons, les abattemens & découragemens de la nature, les délaissemens & abandons de son Pere ; *pures* sans consolation, ny du costé du Ciel, ny du costé de la Terre, & qu'il accomplit par sa Passion tous les Sacrifices anciens qui la figuroient ; *les immolations des fruits*, qui en partie se faisoient par l'effusion des liqueurs, *dans le Jardin des Oliviers ; les Sacrifices* des animaux, dont on épanchoit le sang, & qu'on écorchoit, *dans sa flagellation ; les Holocaustes*, que l'on consumoit au feu, *sur la Croix :* expiant ainsi les pechez d'orgueil, de luxure & d'avarice, ausquels ces trois sortes de Sacrifices répondent. Par de tels tourmens, il a satisfait pour nous à la Justice Divine ; rien n'estant plus doux à un debiteur que de dire : *J'ay payé, je ne dois rien.* Il nous a reconcilié avec son Pere ; il nous a merité la grace & les moyens du salut, & la mort au peché, toutes les graces qui font mourir en nous la convoitise, convoitiſes, n'eſtant que des écoulemens & des impreſſions de ſa mort en nous, ainſi que tous les mouvemens de la vie ſurnaturelle, des écoulemens de ſa Reſurrection : combien donc eſt grand l'outrage que nous commettons contre celuy qui tua le peché en luy, lorſque nous laiſſons vivre le peché en nous, qui l'avoit fait mourir pour nous, diſent les Saints? que la mort de la convoitiſe en nous, ſoit donc une preuve de la mort de Jeſus-Chriſt pour nous ; la mort des membres pour leur Chef, une conviction, un effet, une expreſſion de la mort du Chef pour eux ; il nous a délivré des peines éternelles, & ouvert le Paradis ; il a élevé noſtre nature en ſa Perſonne au plus haut des Cieux, au deſſus des Anges, & juſqu'au Trône de Dieu meſme : & toutes ces choſes auſſi bien qu'un nombre infiny d'autres bienfaits, ſont les fruits de la roſée celeſte qu'il a répandu ſur nous de l'Arbre de la Croix. Ainſi un Bois nous avoit perdu, un Bois nous a ſauvé. L'homme ſenſuel avoit peché en Adam, l'homme penitent ſera crucifié en Jeſus-Chriſt : L'homme deſobéiſſant avoit étendu ſa main à l'arbre défendu, il falloit qu'il y fût cloüé, & que les principaux inſtrumens de celuy qui ſatisfaiſoit pour nous fuſſent de Bois, ou en provinſſent : Les Baſtons, les Verges, la Couronne, le Roſeau, la Lance, la Croix, le Vinaigre, &c. Ce fut par le Bois que le Genre humain échappa du Déluge ; Moïſe avec une Verge de Bois fit un nombre infiny de Prodiges : ouvrit la Mer rouge, ſubmergea Pharaon, délivra le Peuple de Dieu, tira de l'eau d'un rocher, rendit les eauës ſalées & ame-

res d'une Fontaine, douces & potables, en y jettant un morceau de Bois: Ce fut sur un Poteau de Bois qu'il éleva le Serpent au Desert: L'Arche d'Alliance & le Tabernacle estoient de Bois incorruptible: Et c'est par le Bois de la Croix figuré par tous les autres, que Jesus-Christ a triomphé du peché, du diable & de la mort, & qu'il regne dans l'Univers: Que si les Prophetes l'avoient comparé, non à un Homme, mais à un *Ver*, Jesus en la Croix, n'est-il pas un Ver dans un Bois, dit saint Ambroise? Au reste, ses souffrances ont esté bien differentes des souffrances du reste des hommes: Celles de Jesus-Christ ont esté libres & volontaires, & avant qu'il les endurât, & pendant qu'il les a endurées: Il n'avoit aucun peché qui luy fût propre, ny qu'il eût herité d'Adam: Il ne souffroit que pour autruy, c'est à dire, pour les hommes, qui sans le sçavoir, punissoient en luy leurs propres crimes; ou plûtost expioient leurs crimes par des crimes; qui se condamnoient eux-mesmes en le condamnant; qui se crucifioient en le crucifiant: Mais il falloit l'effusion d'un Sang aussi precieux pour les racheter, une intercession aussi puissante pour les reconcilier, des moyens aussi efficaces pour les sauver.

SECONDE CONSIDERATION.

Ce fut donc dans cette Semaine, veritablement nommée la grande Semaine, à cause des grands Mysteres que le Sauveur y opera, & la Semaine laborieuse, à cause des souffrances qu'il y endura; & ce fut la quatriéme Ferie, toûjours chere à la pieté des Chrêtiens, que le Diſciple infidelle vendit ſon Maiſtre pour trente deniers, tant Dieu eſt vil dans l'eſtime de l'homme : tandis que Jeſus-Chriſt donnoit ſon Sang pour racheter l'homme : Tout l'homme eſt cher dans l'eſtime de Dieu. Le lendemain, c'eſt à dire, le Jeudy au ſoir, jour à jamais memorable, il inſtitua le Tres-Saint Sacrement de l'Autel, pour nous eſtre un gage de ſon amour, un ſupplément de ſon abſence viſible, un memorial de ſa Paſſion, un ſujet de conſolation à ſes Diſciples affligez, une Arrhe de la gloire que ſes ſouffrances nous procureroient. Mais il faut icy conſiderer le temps qu'il prit pour vous faire ce grand preſent. Saint Jean écrit que ce fut avant la Feſte de Pâques, lorſqu'il eſtoit ſur le point de paſſer de ce monde à ſon Pere. Saint Paul aſſure avoir appris de ce divin Sauveur, que ce fut la nuit meſme en laquelle il fut trahy & livré aux Juifs : l'Egliſe peſe cette circonſtance au moment qu'elle va renouveller ce redoutable Myſtere ſur nos Autels ; & elle rapporte avec étonnement que Jeſus-Chriſt, la veille de ſa Paſſion, prit le Pain dans ſes ſaintes & adorables mains, pour le changer en ſon Corps, c'eſt à dire, qu'il ſe donna aux hommes, non pas quand ils vouloient l'élire Roy, mais lorſqu'ils cherchoient à le faire *mourir*, qu'ils avoient reſolu *de ſe ſeparer* de luy pour jamais, & *de ne le voir plus :* C'eſt dans ce moment meſme que Jeſus-Chriſt leur prepare *un aliment*, qui leur communique une vie éternelle & divine : *un remede*, qui les preſerve de la corruption & de la mort : *un moyen*, qui l'engage à demeurer avec eux jusqu'à la consommation des siecles. Que fais-tu, Juif inhumain ! Judas, pourquoy conspire-tu ma perte ! Si c'est mon Sang dont tu sois alteré, viens étancher ta soif, voicy que je le répans moy-mesme, & que je m'immole pour toy.

Ajoûtez à cela les circonstances dans lesquelles Jesus-Christ institua ce Sacrement : ce fut *dans un festin*, qui est l'action de la vie que les amis choisissent pour témoigner davantage leur tendresse à leurs amis, & qui est regardée comme le gage le plus étably, & le plus certain d'une parfaite amitié : *Dans l'endroit du repas*, où on se laisse le plus ordinairement aller aux sentimens de joye & d'affection ; car ce fut sur la fin : *Dans le dernier repas*, comme pour les embrasser, & leur dire le dernier adieu ; il voulut mesme les honorer en s'abaissant à leurs pieds, & par ce respect attirer sur eux le respect de tous les hommes : Il ajoûta les paroles aux actions, & leur dit que desormais il ne les appelleroit plus ses Serviteurs, mais ses Amis.

Mais de quels termes ne se servit-il pas en faisant ce grand don ? il dit à ses Disciples qu'il avoit ardemment desiré toute sa vie d'en venir à ce dernier Banquet avec eux, & avant que de souffrir pour eux : qu'il les aimoit comme son Pere mesme l'aimoit, & qu'il ne pouvoit leur en donner une plus grande marque, qu'en mourant pour eux, ainsi qu'il alloit faire : qu'il vouloit estre uny à eux comme la vigne l'est aux sarmens, afin de leur communiquer sa propre vie, & leur faire produire les mesmes fruits dans son Eglise : que tout ce qu'ils demanderoient en son nom à son

Pere, ils l'obtiendroient : qu'il ne les abandonneroit jamais, & qu'il ne les laiſſeroit pas Orphelins : qu'il leur envoyeroit le Saint Eſprit qui les conſoleroit de ſon abſence ſenſible, qu'elle ſeroit de peu de durée : que s'ils gardoient ſes Commandemens, il ſe maniſeſteroit à eux, & qu'il viendroit demeurer en eux avec le Pere & le Saint Eſprit : que s'il s'en alloit au Ciel, c'eſtoit pour leur y preparer la place, & donner ordre à ce grand Banquet, où il les invitoit : que là il leur découvriroit ſa gloire, cette gloire dont il joüiſſoit avant la conſtitution de l'Univers & des Siecles : que le monde les perſecuteroit, mais qu'ils ſe conſolaſſent, puiſque luy-meſme en avoit eſté perſecuté, & que leurs perſecutions paſſageres ſe changeroient en une joye éternelle : qu'il leur donnoit ſa paix, & qu'il vouloit qu'ils s'aimaſſent intimement les uns les autres : que leur ayant découvert tous ſes ſecrets & tous ſes Myſteres, il ne vouloit plus eſtre qu'un meſme cœur avec eux, comme il n'eſtoit qu'une meſme choſe avec ſon Pere, afin qu'ils fuſſent tous conſommez en un. Enfin, la maniere dont il vous fit ce grand preſent eſt infiniment touchante; car, il vous le legua *par Teſtament*, qui paſſe pour l'Acte le plus authentique, le plus ſolemnel de la vie, le plus exempt de préoccupation, & le miroir le plus fidele de nos inclinations : qui contient le plus tendre témoignage de l'amour du Pere envers ſes enfans, & de l'Epoux envers l'Epouſe. Combien donc precieuſe vous doit eſtre cette donation, puiſqu'elle fut *réelle* des Biens propres de Jeſus-Chriſt, de ſon Corps & de ſon Sang, il n'avoit que cela en ce monde ; sa pauvreté l'avoit dépoüillé de tout le reste ; sa charité l'oblige à vous les départir auparavant que les Juifs s'en emparent : *Intime*, & cordiale, il se transforme en vous, *mangez & beuvez* : *Effective*, il s'oblige de souffrir la mort pour vous : *Prenez ce Corps qui sera livré pour vous : prenez ce Sang qui sera répandu pour vous*, & il vous en applique dés-lors, & par avance, le merite & la vertu, c'est à dire, la remission des pechez : *Prenez ce Corps qui est donné pour vous : Beuvez ce Sang qui est épanché pour la remission de vos pechez* ; & par cette Redemption anticipée il vous rétablit dans l'ordre de la grace & de la gloire : *Irrevocable*, il vous la laisse par Testament, qui est la chose du monde la plus sacrée & la plus inviolable, & à laquelle il n'est jamais permis de toucher : *Fixe & immuable*, il la confirme par l'effusion de son Sang, & la scelle de sa Mort, au lieu que les dispositions de l'ancien Testament pouvoient estre revoquées, le Testateur n'estant pas mort, comme il l'est dans le nouveau : *Stable & permanente*, il la nomme éternelle, se commençant en ce monde, & se consommant en l'autre : *Incontestable*, car afin que la crainte d'un autre Testament ne vous troublât point, il l'appelle son *Testament nouveau*, qui abroge l'ancien qui vous estoit contraire, & qui contient sa derniere volonté, laquelle ne vous peut estre plus favorable : *Presente*, car pour ne vous faire pas languir dans l'attente de ce riche heritage, il vous en met dés ce moment mesme en possession, en vous livrant actuellement entre les mains le Titre original de cette Donation Testamentaire : *Prenez & mangez, cecy eſt mon Corps : preneZ & beuvez, cecy eſt mon Sang. Le Sang du Teſtament noveau & éternel*, que je vous laiſſe en mourant, & qui découlant de mes Playes ouvertes, vous ouvre le Ciel.

C'eſt pour nous donner la vie, Seigneur, que vous vous eſtes fait noſtre remede & noſtre aliment, & que vous vous eſtes mis en eſtat de mort dans la ſainte Eucharistie : & rien ne nous empeſchera de profiter de cette Viande celeſte, ſi nous voulons vivre comme vous avez vécu, & ſi nous ne voulons plus commettre les pechez pour leſquels vous eſtes mort.

Seigneur, faites-nous deteſter le peché pour l'expiation duquel vous eſtes mort, faites-nous conſerver la pureté que voſtre Sacrifice nous a renduë : Faites-nous aſpirer au Ciel que vous nous avez ouvert par voſtre Sang ; & pour nous rendre dignes de l'heritage que vous nous avez promis, faites-nous obſerver toutes les conditions de voſtre Teſtament.

TROISIE'ME CONSIDERATION.

Aprés l'inſtitution du Saint Sacrement, Jeſus-Chriſt s'en alla au Jardin des Oliviers, commencer à répandre réellement ce meſme Sang qu'il venoit de répandre en Myſtere dans ce Cenacle, afin de nous rendre encore plus ſenſible, & plus vive, la participation que l'Euchariſtie nous donne à ſa Paſſion, & nous montrer combien elle luy eſt conjointe. Il paſſa donc le Torrent de Cedron l'ame pleine d'amertume, ainſi que David autrefois fuyant ſon fils Abſalon, & s'en alla dans ce Jardin, prés les murs de Jerusalem, & joignant un Village nommé Gethsemani, environ sur les neuf heures du soir : Ce fut de cette sorte, selon les plus anciens Peres, qu'il commença tres-convenablement le Mystere de sa Passion dans un Jardin de douleurs, afin reparer le peché du premier Homme, qui s'estoit perdu dans un Jardin de délices, & qui en avoit esté chassé pour sa revolte & son larcin, & de nous en meriter de nouveau l'entrée : Là il se mit en prieres, la face contre terre, & l'esprit plongé dans un abîme inconcevable de tristesse, de desolation & d'horreur, à la vûë de tant de pechez pour lesquels il devoit satisfaire ; de tant d'ignominies & de peines qu'il devoit souffrir ; de tant d'abandons & de délaissemens qu'il devoit supporter ; de tant d'ames ingrates qui devoient perir malgré l'effusion de son Sang. Cette vûë fut si vive, qu'il tomba dans une agonie épouventable. Il sua des gouttes de sang & d'eau en si grande abondance, qu'elles découlerent sur la terre, & un Ange s'apparut à luy pour le conforter : Voulant ainsi témoigner qu'il estoit homme, qu'il avoit pris sur luy nos infirmitez, & qu'il ne faut point se décourager, quoy qu'on prie *sans succés & sans consolation.* Il pouvoit sans doute, s'exempter de souffrir pour nous racheter ; mais combien ses souffrances me le rendent-elles cher, dit saint Ambroise ; & combien luy suis-je plus obligé d'avoir pris ma tristesse, que ma joye ; ma pauvreté, que mes richesses ; mes douleurs, que mes plaisirs : Ses pleurs m'ont merité les ris ; ses vils haillons une robe de gloire ; le fer qui déchira le voile de sa chair, déchira

déchira l'Arreſt de condamnation : Les bleſſures qu'on fit à ſon Corps, guerirent les playes de mon cœur, & le dernier coup qui luy donna la mort m'a rendu la vie. Ce qui l'obligea donc de ſouffrir, & de tant s'attriſter, fut ſon zele pour ſon Pere, ſon amour pour l'homme, ſa haine pour le peché : Il voulut par ſa triſteſſe, expier la vaine joye des Pecheurs, ſuppléer au peu de regret qu'ils ont d'avoir offenſé Dieu, & de s'eſtre mis en eſtat de le perdre pour jamais, leur obtenir la grace de faire un bon uſage des angoiſſes où ils ſe trouvent quelquefois reduits : enfin les racheter de la triſteſſe éternelle à laquelle ils eſtoient condamnez, & leur meriter une joye ſans fin.

Ce Myſtere finy, voilà Judas devenu en un moment, d'Apoſtre, Chef de Scelerats, & portant avec raiſon le nom de toute cette Nation perfide, dont il eſtoit l'Emiſſaire, qui vint à la teſte d'une troupe de Soldats : il s'approcha de Jeſus-Chriſt, & il le baiſa pour le faire connoiſtre à ce ſigne, afin qu'on le prît ſûrement. Jeſus-Chriſt ne refuſa pas ce baiſer ; il appella meſme Judas *ſon amy*, ſans doute pour le toucher par ce terme de confiance & de tendreſſe, & comme pour luy dire : Qu'allez-vous faire, mon fils, arreſtez-vous : que vous ay-je fait ? n'achevez pas de vous perdre ; voyez que cette trahiſon n'a pas éteint ma charité pour vous, ny le ſouvenir de celle que vous me témoignâtes quand vous quittâtes tout pour moy, & dont je voudrois encore embrazer voſtre cœur. Il luy demanda, *à quel deſſein il eſtoit venu*, comme s'il l'eût ignoré, afin de luy faire comprendre que ſon crime eſtoit tel, qu'on avoit peine à se l'imaginer, & quelle étrange suite il auroit.

Il souffrit donc *qu'il le baisât*, taschant par son souffle amoureux, qui donne la vie à toutes choses, de r'animer son ame morte par le peché.

Il luy dit neanmoins *qu'il trahissoit le Fils de l'Homme par un baiser*, voulant luy causer un remords de ce qu'il faisoit servir à la perfidie, le gage le plus étably, & le plus inviolable de l'amitié, & de ce que par une ingratitude qui n'aura jamais d'exemple parmy les hommes, il trahissoit un homme qu'il n'eût pû trahir, si pour luy, de *Fils de Dieu*, il ne se fût fait *Fils de l'Homme.* Car c'est comme s'il luy eût dit, selon saint Ambroise: Ingrat, qui vends en moy ce que j'ay pris pour toy! S'adressant ensuite aux Soldats, il leur demanda par deux fois, *qui ils cherchoient*, & les obligea de répondre autant de fois, *qu'ils cherchoient Jesus*, afin qu'ils vissent bien que c'estoit leur *Sauveur* qu'ils vouloient perdre: Leur *Liberateur* qu'ils vouloient enchaîner: Celuy qui venoit *leur procurer la vie*, qu'ils vouloient faire mourir, leur ayant répondu, *c'est moy.* Ce mot, comme un éclair de sa Divinité, renversa par terre ces hommes terrestres: Tombant ainsi à la renverse, il parut qu'ils tomboient repoussez par la vertu de cette parole puissante, & rejettez de devant la face du Seigneur, ainsi qu'il arrivera aux Réprouvez au jour du Jugement, & qu'il arrive aux Pecheurs qui font de grandes chûtes, lesquels ne voyent, ny le lieu où ils tombent, ny les suites funestes de leur chûte; qui ne se relevent que difficilement, & qui ne le sçauroient s'ils ne se tournent, & ne regardent la terre par la conſideration profonde de leur baſſeſſe & de leur neant.

Aprés quoy ſaint Pierre voyant que les Soldats ſe ſaiſiſſoient de ſon cher Maiſtre, & le maltraitoient, tira l'épée, & coupa l'oreille à l'un d'eux, domeſtique du Pontife : Jeſus l'en reprit, & remit l'oreille à cet homme ; ce qui ſignifioit, ſelon ſaint Ambroiſe, que les Juifs, par leur ſurdité volontaire, ſeroient d'abord privez de la Predication Apoſtolique, mais qu'un jour Jeſus-Chriſt leur rendroit l'ouye de la Foy : Puis il donna toute liberté aux Soldats de le lier, & de l'emmener priſonnier.

Pour lors, les Diſciples le voyant pris & garoté, l'abandonnerent, & s'enfuirent, à la mode des amis du monde, laiſſant ſeul celuy qui devoit, & pouvoit ſeul payer pour tout le Genre humain, lequel avoit veritablement dit dans le deſeſpoir de ſon ſalut, par la bouche de Caïphe ; il eſt neceſſaire qu'un ſeul meure pour tous, de peur que tous ne periſſent. Saint Pierre toutefois le ſuivit, mais de loin. Or, de tous ces miracles, il eſt aiſé de conclure, que ce ne fut pas par impuiſſance que Jeſus-Chriſt ſe laiſſa prendre, lier, immoler, ainſi qu'un Iſaac, un Joſeph, un Samſon, vû qu'il parut tout-puiſſant au milieu meſme de ſes foibleſſes & de ſes infirmitez volontaires ; qu'il reprima le zele de Saint Pierre, qui le deffendoit ; qu'il gueriт la bleſſure de Malchus qui le maltraitoit ; qu'il ſe livra dans le temps qu'il délivroit tous les hommes en la perſonne des Apoſtres, auſquels il conſerva la liberté aux dépens de la ſienne, ordonnant aux Soldats qui le retenoient, de les laiſſer aller, comme ils firent: Nous délivrant ainſi en eux, d'entre les mains des Satellites de la Juſtice divine, que nous craignions tant, en ſe mettant luy-meſme entre les mains des Satellites Juifs, qui le haïſſoient tant; rompant nos liens en ſe laiſſant garoter; nous élargiſſant en ſe laiſſant empriſonner; nous abſolvant en ſe laiſſant condamner; nous détachant de la potence, en s'y laiſſant cloüer: Il apprit à tous ſes Diſciples, en la perſonne de ſaint Pierre, qu'il ne falloit deffendre, ny ſon Corps naturel, ny ſon Corps myſtique par aucune violence, ſous pretexte meſme d'en ſoûtenir les intereſts: Qu'on ne conſerve la verité que par l'humilité; ny l'innocence, que par la ſouffrance; que ſaint Pierre bleſſant Malchus, avoit bleſſé ſa patience, laquelle avec la reſignation, eſtoient *les deux épées* qu'il leur laiſſoit pour toutes armes: il montra donc par ces miracles, qu'il eſtoit Dieu; & par ſes ſouffrances, qu'il eſtoit Homme: Il voulut enfin par cet enchaînement, reparer le mauvais uſage que nous faiſons de noſtre liberté; nous meriter celle des Enfans de Dieu; nous conſoler dans nos impuiſſances; nous délivrer de l'eſclavage du demon; nous empeſcher d'étendre nos mains à l'iniquité, & lier celles de la Juſtice divine.

QUATRIE'ME CONSIDERATION.

Du Jardin des Olives, les Soldats conduiſirent Jeſus-Chriſt chez les Grands Preſtres, Anne & Caïphe, qui ſe le renvoyerent l'un à l'autre (ces méchans s'honorant ainſi, & triomphant aux dépens de l'innocent) où tous les Scribes & les Docteurs de la Loy s'eſtoient aſſemblez, pour y tenir à ſon ſujet, ce dernier de leurs trois Conciles, dans lequel ils acheverent de perdre l'eſprit de verité, eux qui autrefois en avoient tant honoré l'ombre: Elle fut entiere dans le premier, décidant *que le Chriſt devoit naiſtre à Bethléem.* Elle s'affoiblit dans le ſecond, prophetiſant, mais par un principe erroné, *que le Sauveur mourroit pour le Peuple :* Elle s'éteignit dans celuy-cy, auquel l'eſprit de tenebres preſida, paſſant du Pontife & de la Synagogue à Jeſus-Chriſt, d'où elle émanoit, & à ſon Egliſe: Aſſemblée nocturne, où l'obſcurité exterieure fut infiniment moindre que l'interieure qu'elle figuroit; il eſtoit dix à onze heures du ſoir. Cependant ils ne purent trouver aucun pretexte à leur haine & à leur cruauté; car, quelque artificieux que fuſſent les faux témoins, & quelque prompts que ſoient les Pecheurs à décrier la vertu quand elle eſt blaſmée, & à accuſer les Juſtes quand ils ſont malheureux, ſon innocence eſtoit trop viſible: Cette éternelle verité ne put eſtre obſcurcie par le menſonge, mais la violence y ſupplea; car un Miniſtre luy donna ſans raiſon un ſoufflet, comme s'il eût dit quelque choſe d'injurieux au Pontife, ce qui n'eſtoit pas; il s'en juſtifia, expiant par cet affront, les crimes que la complaiſance pour les Grands, la flatterie, ou l'intereſt, font ſi ſouvent commettre à leurs Courtiſans, & nous montrant par la moderation de ſa réponſe, la gloire qui reluit dans une injure bien ſoufferte; & que s'il n'y a rien de plus ignominieux ſelon le monde, qu'un ſoufflet reçû, il n'y a rien de plus grand ſelon Dieu, qu'un ſoufflet patiemment enduré, & genereuſement pardonné. Aprés quoy il ſouffrit le reſte des douleurs & des opprobres dont on l'accabla, en ſilence, & avec une ſouveraine tranquillité, le Prophete ayant prédit qu'il preſenteroit ſon viſage aux coups, ainſi qu'une pierre dure, ou impenétrable à l'impatience. Au défaut de preuves, voicy un nouvel effet de leur malignité : Ils l'interpellerent de la part de Dieu, qu'il eût à dire *s'il n'eſtoit pas le Chriſt*, *le Fils du Dieu vivant*, le Meſſie ſi promis de ſa part, ſe ſervant ainſi de la Religion, pour commettre la plus grande des impietez, & verifiant qu'il n'eſt rien de plus pernicieux ny de plus redoutable, qu'un méchant homme, qui ſe couvre du maſque de la juſtice, & du zele, pour colorer ſa malice, & contenter ſa paſſion.

Le Sauveur confeſſa la verité, quoy qu'il vid bien que cet aveu luy coûteroit la vie : & par cette confeſſion il merita le titre & la qualité de *Chef des Martyrs ;* qu'ils diſoient vray ; *qu'il eſtoit le Meſſie*, *le Fils du Dieu vivant*, *& qu'ils le verroient un jour venir dans les Airs* ; parlant exprés du Jugement dernier, comme de la Conſideration la plus puiſſante, & la plus capable d'intimider les Pecheurs, & d'obliger ceux-cy à prendre garde au Jugement qu'ils alloient porter. Mais c'en fut aſſez pour eux : Ils n'en voulurent pas ſçavoir davantage ; auſſi cela ſeul ſuffiſoit pour leur ſalut. Le Grand Prêtre faiſant l'indigné, ſe leva de ſon ſiege, *& déchira ſes veſtemens*, ne voyant pas qu'avec eux il déchiroit ſa religion, ſa puiſſance & ſa dignité, qui avec ſon Trône qu'il laiſſa vuide en ſe levant, & ſon autorité, s'en alloient tomber. Il feignit d'avoir oüy avec une grande horreur ce prétendu blaſphême, que ſa haine luy avoit fait entendre avec un extrême plaiſir : il en ſera raſſaſié dans ce lieu où jamais les loüanges de Dieu ne retentiront. *Ils le condamnerent tous à la mort*, renonçant par ce moyen à la vie qu'il étoit venu leur apporter. *Ils mirent un bandeau devant les yeux de la verité incarnée*, ſe couvrant ainſi eux-meſmes de ce voile d'incredulité qui les aveugle, ſe condamnant à ne le voir & à n'en eſtre plus vûs, ny regardez d'un œil favorable ; conſentant qu'il ne veillât plus à leur conſervation, ny à leurs beſoins, & imitant les Pecheurs qui voudroient ſe dérober aux regards de Dieu, qu'ils ne peuvent ſupporter. *Ils luy lierent les mains*, ne ſongeant pas qu'ils ſe privoient en meſme temps de ſa protection & de ſes bienfaits. *Ils couvrirent de crachats cette face*, dont l'éclat fait le bonheur des Saints : Ils n'en verront jamais la beauté ny les charmes ; ils y trouveront éternellement les marques de leur crime, & le ſujet de leur condamnation, & ils ſeront chaſſez ſans retour de devant la face de Dieu. *Ils le livrerent à leurs Satellites*, meritant par cet attentat de devenir eux-meſmes les eſclaves & le joüet de tous les Peuples, le rebut & la lie du Genre humain. Ils affecterent de l'humilier en ſa qualité de Roy, de Preſtre, de Prophete, & de Juge. *De Roy*, fléchiſſant par dériſion les genoux devant luy. *De Preſtre*, meurtriſſant ſon viſage & ſa teſte. *De Prophete*, luy diſant qu'il devinât celuy qui l'avoit frappé. *De Juge*, le condamnant au dernier ſupplice, ſans prévoir que par là ils éteignoient pour toûjours en eux la Royauté, le Sacerdoce, l'esprit de Prophetie, & la gloire de leur Nation. Enfin tous ensemble ils commirent tant de crimes contre sa Personne adorable, ils luy firent souffrir tant de cruautez & d'ignominies pendant toute la nuit, que les Saints assurent qu'on ne les sçaura qu'au jour du Jugement, où l'iniquité du leur paroîtra à tout l'Univers. A tant de crimes commis dans la Maison des Pontifes, saint Pierre en ajoûta un autre; car s'estant imprudemment exposé dans ce lieu de tentation, & engagé dans la mauvaise compagnie de leurs Satellites : affoibly déja par sa présomption precedente; par son peu de foy à la Prophetie de sa desertion; par son sommeil dans la Priere; par sa fuite & par sa lenteur à suivre Jesus-Christ de loin; le renia, non sur l'interrogation des Juges, ny sur les menaces du Pontife, mais à la parole d'une simple Servante. La voix d'une miserable Portiere jetta l'épouvante dans le cœur du Portier du Ciel : une chetive fille qui tenoit en sa main les clefs de la Maison d'un Prestre, triompha de celuy qui portoit les clefs du Royaume de Dieu, & encore une fois Eve ouvrit la porte au peché, l'introduisant dans le cœur de l'homme. Il ajoûta bien-tost le serment au mensonge, & au parjure le blasphême, & l'execration. Il s'estoit vanté de plus de force & de courage que le reste des Apostres, il en eut le moins; il oublia la prédiction de sa chute avec le sentiment de sa foiblesse; il apprit par sa triste experience, qu'il n'avoit pas reçû la clef du Royaume des Cieux, pour ne l'ouvrir qu'aux innocens, & que le le Palais des Grands eſt ſouvent un dangereux écueil à la vertu des Eccleſiaſtiques. Jeſus le regarda & l'excita à penitence ; il ſortit, *& il commença à pleurer* amerement ſon peché, dit l'Evangeliſte, pour marquer qu'*il ne finit ſes larmes qu'avec ſa vie*, dit ſaint Clement.

Le jour eſtant venu, les Preſtres, les Pontifes, & les Anciens, aprés avoir condamné Jeſus-Chriſt pour un prétendu crime de religion, voulurent le faire condamner pour un crime d'état : Ils le conduiſirent ſur les huit heures du matin à Pilate, Intendant de la Judée pour les Romains, afin qu'il le crucifiât : ils prétendoient par là rendre ſa condamnation plus celebre, ſa mort plus profane, le genre de ſon ſupplice plus ignominieux, leur conduite moins odieuſe & moins ſuſpecte, enfin ſe diſculper d'un ſi injuſte homicide, & le rejetter ſur autruy, ne ſçachant pas l'abandon qu'ils faiſoient par là du Meſſie en faveur des Gentils, à qui ils le livroient comme un autre Joſeph aux Iſmaëlites ; encore moins que les faiſant concourir, auſſi bien qu'eux à ſa mort, ils la rendroient utile à tous deux. Pilate inſtruit de leur malice, & de l'innocence de Jeſus, voulut le délivrer ; (choſe admirable, deux Etrangers parlerent ſeuls pour Jeſus-Chriſt en ſa Paſſion, Pilate & ſa femme, & non aucun Juif :) il l'interrogea neanmoins devant les Preſtres, les Scribes & les Phariſiens, ſur pluſieurs Faits qu'ils luy impoſerent ; (car ils prétendoient luy oſter l'honneur avant que de luy ravir la vie,) ſans qu'ils puſſent les prouver, ny que Jeſus répondît un ſeul mot pour ſa juſtification, quelque inſtance que ce Juge luy en fit.

Nouveau ſpectacle, & que Pilate étonné ne put comprendre : effrayé d'ailleurs par certaines viſions de ſa femme, qui, quoy que Payenne, s'intereſſant dans la reputation & la vie de Jeſus-Chriſt lorſque les Juifs le deshonoroient & le pourſuivoient à mort, luy manda de n'avoir rien à démêler avec ce Juſte (preſage de la converſion prochaine des Gentils, & de la reparation du peché d'Eve, qui n'inſpira que des ſentimens d'injuſtice & de mort à ſon mary) & apprenant qu'il eſtoit de Galilée, le renvoya à Herode, Roy de cette partie de la Judée, pour lors à Jeruſalem, afin qu'il le jugeât. Herode l'ayant vû, comme il le ſouhaitoit depuis long-temps, & ne pouvant en tirer aucune parole, ny aucun miracle, qu'il ne demandoit que pour ſatisfaire ſa vaine curioſité : incapable d'ailleurs de comprendre que la patience du Sauveur eſtoit un prodige ſans exemple, & ſon ſilence un langage auſſi éclatant qu'inoüy, il le mépriſa avec toute ſa Cour. Ce petit Prince à la teſte de quelques Soldats, inſulta au grand Dieu des Armées; il traita de fou & de Roy de theatre, la Sageſſe éternelle, & le Souverain de l'Univers, & celuy qui bien-toſt devoit eſtre adoré des Roys, des Empereurs, & des Ceſars : marquant ainſi, ſans y penſer, le caractere du peché des Princes impies & des Gens de Guerre, pour leſquels Jeſus-Chriſt ſatisfaiſoit, c'eſt à dire, une eſpece d'Atheiſme, ou de dériſion des choſes ſaintes & de toute Religion, qui ne paſſe ſouvent dans leur eſprit, que pour une Politique ou une Fable; & ſes ceremonies les plus ſacrées, pour une Comedie : avides au reſte, de miracles & de ſignes extraordinaires. Enſuite le revêtant d'une robe blanche, il le renvoya en cet état, chargé d'opprobres, à Pilate, Herode & luy devenant amis dés ce jour, d'ennemis qu'ils eſtoient auparavant, & recevant ainſi le bien pour le mal, puiſque noſtre Roy pacifique finiſſant leur inimitié mutuelle, donna à chacun d'eux par cette reconciliation, un puiſſant amy; il eſtoit prés de dix heures du matin. Toutes ces choſes eſtoient myſterieuſes, & vouloient dire que Jeſus-Chriſt par ſa Mort, reconcilieroit le Peuple Juif & le Peuple Gentil, les uniſſant tous deux par une meſme foy; que la reconnoiſſance du vray Dieu paſſeroit tour à tour des Juifs aux Gentils, & des Gentils aux Juifs; que les Juifs & les Gentils perſecuteroient le Corps myſtique du Fils de Dieu, auſſi bien que ſon Corps naturel; que la ſainteté Chreſtienne ſeroit folie aux yeux des mondains, toûjours unis à la décrier & à la tourner en ridicule; qu'à ce prix nous recouvrerions la robe d'innocence dont Adam avoit eſté dépoüillé; & que Jeſus-Chriſt expioit le peché que le luxe des habits fait ſi ſouvent commettre, particulierement dans la Cour des Princes, d'où, comme d'une ſource empoiſonnée, il ſe répand imperieuſement dans tout l'Etat. Le ſilence de Jeſus devant Herode, Pilate & ſes Accuſateurs, ſignifioit auſſi qu'il vouloit mourir pour nous ſans diſputer ſa vie; que nos pechez dont il s'eſtoit chargé, & pour leſquels il ſatisfaiſoit, eſtoient ſans excuſe; que les Rois & les Grands de la Terre ſeroient les derniers à écoûter la parole de Vie; que Dieu ne chaſtie jamais plus rigoureuſement les Pecheurs, que quand il ne leur dit mot: Herode ayant refuſé d'entendre la verité de la bouche de ſaint Jean-Baptiſte, qui eſtoit la voix de Jeſus-Chriſt, meritoit de ne l'entendre plus: Les Juifs n'avoient aucun droit de l'accuſer, eſtant leur Roy: Leurs accuſations frivoles & tumultuaires, ſe détruiſoient d'elles-meſmes: Les Impies euſſent pû dire qu'il avoit taſché de ſe juſtifier, ſans avoir pû en venir à bout, & il avoit reſolu de les convaincre, que rien ne luy donnoit la mort, que le deſir de leur procurer la vie: Il ne vouloit pas nous accuſer, car c'eſtoit, non luy, mais eux & nous, qui tous enſemble, nul excepté, eſtions coupables, ou plûtoſt atteints & convaincus de tous les crimes qu'on luy imputoit, & pour leſquels on le faiſoit mourir, & d'eſtre de vrais ſeditieux, rebelles, pecheurs, publicains, gourmans, yvrognes, amis des pecheurs, tranſgreſſeurs de Loix, ſeducteurs, impies, blaſphemateurs, demoniaques, indignes d'entendre le Verbe Divin, meſme à preſent dans l'Ecriture: Enfin le Myſtere de la Croix eſt incomprehenſible à la raiſon humaine.

Jeſus ayant eſté ainſi renvoyé devant Pilate, ce Juge, quoy que tres-corrompu, fit ce qu'il put pour fléchir les Juifs, mais inutilement: Condeſcendant donc à leur fureur, il leur dit:

Que ne trouvant point de crimes en Jeſus, il le feroit chaſtier & flageller, puis le laiſſeroit aller. Horrible conduite! Pourquoy vous contredites-vous, Sentence inique? Declarer un homme innocent & le punir cruellement? Le délivrer pour ſatisfaire à ſa conſcience, & le déchirer pour contenter l'injuſtice & l'animoſité? reconnoiſtre la verité, & la ſacrifier à la paſſion & au reſpect humain? Que Pilate a d'imitateurs, qui ne pouvant accorder Dieu & le monde, tout conſideré, préferent enfin le monde & les ſcelerats à Dieu, puis déliberent avec ce laſche & politique Magiſtrat, *ce qu'ils feront de ce Jeſus*, dont la Doctrine, les Loix, les Exemples & les Menaces, les embaraſſent & les intimident! Enſuite, croyant avoir trouvé un bon expedient, il leur propoſa, auquel ils aimoient mieux faire grace à Barrabas, *voleur inſigne*, qui dans une *ſedition* populaire de Jeruſalem avoit fait un *homicide*, & ſe trouvoit déja ſaiſi par la Juſtice, ou à Jeſus: Ils préferent Barrabas, qui veut dire, *fils d'Adam*, ſelon ſaint Ambroiſe, au Fils de Dieu: le méchant fut délivré, & le Juſte condamné; ce qui figuroit que le Sauveur innocent ſe mettoit en la place de l'homme criminel; car ce Barrabas eſt tout le Genre humain, & ſubiſſoit la peine dûë à Adam, coupable: *De ſedition*, pour s'eſtre revolté avec les Anges rebelles contre Dieu, *dans la ſainte Cité*, ou le Paradis; avoir cauſé la ſedition univerſelle, qui dure encore dans le monde contre le Createur, & laiſſé à ſes deſcendans cette malheureuſe indocilité: *De vol*, pour avoir auſſi bien qu'eux, voulu ravir la Divinité: *De meurtre*, pour s'eſtre donné la mort, & à toute ſa poſterité. Aprés cela Pilate voyant le tumulte augmenter, mit ſur les onze heures Jeſus-Chriſt entre les mains de ſes Soldats, qui aſſemblant toute la cohorte dans le Pretoire, dépoüillerent ce nouvel Homme de ſes vêtemens, l'ancien aprés avoir perdu la double robe d'innocence & d'immortalité, ayant voulu vainement cacher son crime, sa honte & sa nudité sous des feüilles de Figuier : Ils l'attacherent à une Colonne, & le déchirerent à coups de foüets, luy faisant ainsi expier l'effronterie & la sensualité des Pecheurs, qui dépoüillent toute pudeur, pour s'abandonner sans honte au peché deshonneste, aprés quoy le revêtant d'un vil manteau d'écarlate, image de la robe Pontificale, toute tachée de nos crimes, luy mettant un Roseau à la main, & entourant sa teste d'une Couronne d'épines, nouveaux fruits que la terre produisoit à ce nouvel Adam, & figure des inquietudes mortelles, des chagrins & des remords cuisans, dont la conscience des Réprouvez sera à jamais bourelée & déchirée par les Ministres de la Justice Divine, & par ce ver rongeur qui donnera des afflictions perpetuelles ; ils le saluerent par dérision, comme Roy des Juifs, ils luy donnerent des soufflets, ils le frapperent à coups de Roseaux sur la teste, & ils le couvrirent de crachats : C'est ainsi que Jesus-Christ par ce supplice infame, destiné aux esclaves, par ce Diadême de douleurs & d'opprobres, par ces larmes de sang & ces crachats, expioit les pechez de nostre sensualité, de nostre superbe, & de cette vanité, dont les filles d'Eve deshonorent leur visage, ou plûtost l'ouvrage du Createur, & nous meritoit la grace de mortifier nostre corps, de regner sur nos convoitises, & de posseder une Couronne de gloire ; & que devenu le joüet des Creatures, il reparoit l'audace des Pecheurs qui se joüent du Createur ; le crime des faux amis qui déguiſent la verité, ou des ennemis declarez qui ſont de veritables outrages ; & le ſacrilege des Hypocrites, qui ne luy rendent qu'un culte moqueur. Aprés un ſi douloureux ſupplice, Pilate prit avec luy Jeſus, devenu par tant de playes, le miroir & l'hoſtie d'une conſcience criminelle, telle que celle des Juifs, & le mena ſur un Perron élevé, pour le montrer en ce pitoyable état au Peuple & aux Preſtres, croyant les attendrir par ce ſpectacle, & leur dit : ECCE HOMO : *Voilà l'Homme*, comme s'il eût dit : Voilà l'état où le peché, la penitence, l'amour & la Juſtice divine ont reduit l'Homme pour s'eſtre voulu faire Roy : Voilà l'Homme de douleurs prédit par vos Prophetes, reconnoiſſez vos Ecritures : Voilà voſtre nouveau Salomon avec le Diadême, dont la Synagogue ſa Mere l'a couronné au jour de ſes épouſailles, & de la joye de ſon cœur : s'il change pluſieurs fois d'habit à la mode des anciens Epoux le jour de leurs nôces, ce n'eſt que pour mieux enflammer voſtre amour par la vûë des humiliations & des douleurs qu'il a endurées pour vous, dont ces vêtemens, tantoſt blancs, & tantoſt rouges, ſont le Symbole, & par eux vous meriter la candeur de l'innocence, & la pourpre de la gloire. Sortez, Filles de Sion, accourez, & voyez. Mais les Juifs l'ayant vû dans cet état, loin d'en eſtre amolis, crierent tous : *Crucifiez-le, crucifiez-le*, marquant par cette clameur reïterée, avec leur implacable averſion, une ferme & perſeverante reſolution de devenir les perſecuteurs du Corps naturel, & du Corps myſtique du Fils de Dieu.

Pilate (qui s'opposoit à la Mort de Jesus-Christ, parce qu'il estoit innocent, ne sçachant pas que son innocence mesme estoit la cause de sa mort, & que s'il eût esté coupable, il eût fallu qu'un autre fût mort pour luy:) S'estant encore une fois assis dans son Tribunal, disposé en un autre endroit, leur montra de nouveau Jesus, & leur dit par une inspiration, dont sans doute il ne comprenoit pas la force : *Voilà vostre Roy!* mais ils crierent tous : TOLLE, TOLLE : *Otez-le, ôtez-le*, de dessus la terre, de devant nos yeux. Aveugles, qui ne comprenoient pas qu'ils se dégradoient eux-mesmes, & qu'avec la lumiere de la foy, ils perdoient la dignité d'Enfans d'*Israël*, c'est à dire, *voyant Dieu*, pour ne plus envisager le Dieu de leurs Peres. Pilate en sa conscience déja Chrestien, si l'on a égard à sa relation à Tibere, & à l'expression de Tertullien, repliqua : *Crucifieray je vostre Roy?* Verité terrible; Jesus-Christ fut moins connu des Religieux, des Prestres, & du Souverain Pontife, que d'un Juge idolâtre, qui informé de Jesus-Christ que son Royaume n'estoit pas de ce monde, mais de l'autre, duquel il se mettoit peu en peine, à la mode des gens du siecle; & ne voyant rien à craindre du costé de son ambition, pouvoit peut-estre soupçonner qu'il estoit un homme extraordinaire, promis du Ciel aux Juifs, pour reformer leur Religion & leurs mœurs corrompuës, & attendu d'eux sous le titre de Roy, mais dont l'Empire ne devoit donner aucune jalousie à la Puissance Romaine, au lieu que ceux-là ne le connoissoient par aucun endroit : En effet, les Juifs déja réprouvez, & devenus

devenus infideles, protesterent à haute voix, *qu'ils n'avoient point d'autre Roy que Cesar*, se soustrayant de cette sorte à la domination & à la protection de Dieu, pour se soumettre à la tyrannie des Princes Payens, qui les exterminerent, qui les vendirent comme des esclaves, qui détruisirent leur Païs, & firent de la Judée leur patrimoine, ainsi que Joseph le rapporte expressément; qui brûlerent & raserent leur Temple, passant la charruë sur ses ruines, & posant leur Statuë equestre sur le Saint des Saints, ou le Sanctuaire; qui les chasserent de la Palestine, avec deffenses d'y mettre le pied, sous peine de la vie, excepté une fois l'an, qu'ils achetoient bien cher la liberté d'y venir pleurer, & qui les obligerent à payer annuellement au Temple de Jupiter Capitolin à Rome, le Didracme qu'ils payoient auparavant à Jerusalem au Temple du Dieu vivant. Enfin Pilate n'ayant rien obmis de ce qui dépendoit de luy pour toucher ces inhumains, fit porter un Bassin; & à l'imitation de bien des Pecheurs, il lava publiquement ses mains, & non sa conscience soüillée, declarant *qu'il estoit innocent de la mort de ce Juste, & que c'estoit aux Juifs à prendre garde à ce qu'ils alloient faire*; mais ils crierent tous hardiment, & comme de concert : *Que son Sang soit sur nous & sur nos enfans*, voulant bien qu'eux & leur descendans portassent à jamais la peine de ce prétendu homicide, estimant ainsi Jesus-Christ moins qu'un homme, & qu'ils ne s'attireroient aucun chastiment pour l'avoir tué. Cela fait, Pilate craignant qu'on ne le rendît suspect auprés de l'Empereur, pour avoir laissé vivre un homme accusé de prendre la qualité de Roy, & voulant plaire à ce Peuple seditieux & méchant, leur livra Jesus, aprés l'avoir condamné à estre crucifié, suivant leurs desirs, midy n'estoit pas loin.

CINQUIE'ME CONSIDERATION.

Ces choses ainsi passées, on dépoüilla Jesus-Christ de ces habits ignominieux, pour luy redonner les siens: Figure de nos propres œuvres, que seules nous portons avec nous au sortir de ce monde: on le chargea d'une pesante Croix, & accompagné de deux voleurs, que les Juifs, pour le confondre avec les malfaiteurs, voulurent qu'on suppliciât avec luy, (la verité estant toûjours proscrite en la compagnie des Pecheurs:) on le fit marcher en cet état vers le Calvaire, petite montagne destinée au Supplice des Criminels, hors les Murs de Jerusalem, pour montrer que la vertu du Sacrifice de la Croix, loin d'estre renfermée, n'auroit aucunes bornes, & se répandroit dans tout l'Univers; que les Juifs chassant Jesus Christ de leur Ville, il se retiroit chez les Gentils jusques-là hors du Bercail du Peuple de Dieu; que ce triste voyage estoit la representation de la vie chrestienne, c'est à dire, un continuel portement de Croix aprés Jesus-Christ; que ce n'estoit plus dans les Sacrifices du Temple qu'il falloit chercher le salut, mais dans celuy de ce nouveau Isaac allant à la Montagne, chargé de bois de son immoaltion, & de tous les pechez du monde; ainsi que l'ancien Bouc émissaire mis dehors, & envoyé par le grand Prestre pour estre la victime de la colere de Dieu, & la détourner de dessus la teste du Peuple. Aussi fut-ce sur le Calvaire mesme, comme observent les Saints Peres, qu'Abraham offrit en sacrifice son Fils, ou plûtost ce Belier couronné d'épines, & qu'on ensevelit Adam, le pere commun de tous les hommes, afin qu'on vid encore mieux que le Sauveur mouroit pour donner la vie à toute la posterité de celuy qui la luy avoit ôtée par son crime; & que tout ainsi qu'Abel, le premier des Justes, & l'Image parfaite de Jesus-Christ, avoit esté conduit de sa Maison au milieu de la Campagne par Caïn son frere, pour l'y massacrer: Ainsi les Juifs, freres du Sauveur selon la chair, le menerent hors la Ville de Jerusalem, pour tremper leurs mains dans son Sang. Aprés cela, faut-il s'étonner s'ils accomplissent la verité dont Caïn avoit esté la figure, *fugitifs* par toute la terre de devant la face du Seigneur, pour avoir épanché ce Sang innocent, *tremblans* à la vûë de celuy qu'ils ont pendu à une Croix, & portant par tout le *signe* de la Circoncision que Dieu leur laisse, pour les distinguer des autres Nations de la terre, afin qu'ils ne soient pas exterminez, ny confondus avec ces autres anciens Peuples, qu'on ne connoist plus que par l'Histoire.

Cependant Jesus-Christ accablé de tant de peines & de maux, tomba de lassitude sous le poids de sa Croix: il satisfaisoit pour les Pecheurs, que le fardeau des iniquitez, & la pesanteur de la vengeance divine écrasent: Les Soldats qui le menoient trouvant par occasion un Etranger nommé Simon le Cyrenien, l'en chargerent pour la porter aprés luy ; ce qui ſignifioit que le Peuple Gentil, Etranger des Teſtamens, prenoit ſur luy la Croix du Redempteur préferablement au Juif, & que les Martyrs arboreroient ce trophée ; il eſtoit midy. Eſtant arrivez au Mont de Calvaire, on arracha à Jeſus-Chriſt ſes habits collez ſur ſes playes : habits, qui, bien loin d'arreſter le ſang, comme à l'Hemorroïſſe, le firent découler de toutes parts en abondance, cette celeſte roſée aprés avoir humecté la toiſon de ce nouveau Gedeon, ou la ſeule Judée, tandis que le reſte du monde eſtoit à ſec, devant laiſſer à ſec la Judée, & humecter le reſte du monde. Enſuite on étendit ce divin Agneau ſur la Croix, on l'y attacha avec des cloux de fer, dont on perça ſes mains & ſes pieds, on l'éleva ſur la Croix entre deux Voleurs, l'un à droit, & l'autre à gauche, & Jeſus au milieu : on l'abreuva de fiel & de vinaigre. Là les railleries ſanglantes, les dériſions, les mocqueries, & les inſultes des Scribes & Phariſiens, des Preſtres & des Soldats, & de preſque toute la Nation Juifve, le couvrirent de honte & de confuſion : on partagea ſes habits ; on les tira au ſort ; on les joüa, & on conclut qu'il n'eſtoit pas Fils de Dieu, parce qu'il ſe laiſſoit attacher à une potence, ny Tout-puiſſant, puiſqu'il n'en deſcendoit pas. Il ſe tut au milieu de cet ocean de douleurs & d'ignominies ; il y montra une patience heroïque ; il ne parla que pour pardonner à ſes ennemis ; que pour prier pour ceux qui le crucifioient ; que pour y exercer ainſi l'Office de Preſtre & de Victime, & que pour donner aux Fideles en la perſonne de ſaint

Jean, la Sainte Vierge pour Mere, & la rendre ainsi la Mere de son Corps mystique, comme elle l'estoit de son Corps naturel; de celuy-cy dans la joye; de celuy-là dans la douleur. Qui pourroit exprimer ce que souffrit alors cette Mere desolée au pied de la Croix? En effet, pour peu d'amour qu'on ait envers quelqu'un, s'il souffre de grandes douleurs, on ne peut pas en estre legerement touché: & quand on l'aime beaucoup, quoy qu'il souffre peu, on n'est pas mediocrement affligé: Mais quand on aime beaucoup, que la personne endure de grandes douleurs, & qu'on les void, on ne peut dire la douleur que la compassion donne: il faudroit avoir autant d'amour pour Nostre-Seigneur, que la Sainte Vierge, & voir ce qu'elle voyoit, pour pouvoir parler de ce qu'elle souffroit. Les cloux qui perçoient les pieds & les mains du Fils, perçoient le cœur de la Mere: elle ressentit vivement tous les coups, toutes les blessures, tous les outrages, tous les mauvais traitemens qu'on luy fit, & le glaive de douleur, comme il luy avoit esté prédit, fut d'autant plus douloureux, qu'il ne perça pas son Corps, mais son ame: blessures, playes, douleurs d'autant plus aiguës, plus vives, plus profondes, qu'elles estoient plus interieures: Une Mere, une telle Mere, voir un Fils, un tel Fils, souffrir le dernier supplice, si cruel, si long, si douloureux, si sanglant, si horrible, si honteux! Une autre circonstance remarquable, fut, que Jesus Christ assura au bon Larron, qui se convertit à la Croix, qui se reconnut en cet état, & qui ravit veritablement le Ciel; que ce jour mesme il seroit en

Paradis avec luy, (comme ſi à la meſme heure, & au meſme jour, ſelon ſaint Irenée, qu'Adam avoit eſté chaſſé du Paradis, pour avoir méconnu ſon Dieu; l'homme penitent eût dû y rentrer pour l'avoir reconnu) tandis que l'autre Voleur blaſphema, & demeura dans l'endurciſſement; figure de ce qui ſe paſſoit alors dans la reprobation des Juifs & la vocation des Gentils; & de ce qui ſe paſſera au jour du Jugement, lorſque les Réprouvez à la gauche iront en enfer, & les Juſtes à la droite, en Paradis. Peu aprés le Soleil s'obſcurcit, toute la terre fut couverte de tenebres, & Jeſus-Chriſt, quatre heures approchant, aprés en avoir demeuré plus de trois heures ſuſpendu en Croix, & prié avec larmes, & avec cris pour noſtre ſalut, ainſi qu'aſſure ſaint Paul, & s'eſtre offert pour nous en ſacrifice, l'ame plongée dans une infinie triſteſſe, & le Corps accablé d'inexplicables douleurs, recommanda ſon Ame à ſon Pere par ces paroles: *Mon Pere, je remets mon Eſprit entre vos mains*; & baiſſant la teſte, ſigne de la verité de ſa mort, de l'acceptation qu'il en faiſoit, de ſa reſignation aux volontez de ſon Pere, & du poids de nos pechez, il expira. Alors le myſtere de ſon infirmité accomply, celuy de ſa vertu commença d'operer: la Terre trembla, & Nicée, où la Divinité de Jeſus-Chriſt devoit eſtre un jour ſolemnellement reconnuë, définie, cruë, publiée, ſe reſſentit le plus de la violente ſecouſſe du Calvaire: les pierres ſe fendirent, le voile du Temple ſe déchira du haut en bas, le Centurion & les Soldats donnerent gloire à Dieu, & confeſſerent que Jeſus-Chriſt eſtoit ſon Fils: Cela montroit que toute la nature reſſentoit la Mort de ſon Auteur ; que les Juifs eſtoient plus durs que les rochers, & plus aveugles que les Idolatres ; que les Figures myſterieuſes de la Loy ceſſoient, & que les Veritez celeſtes ſe découvroient ; que le Ciel, vray Sanctuaire, s'ouvroit aux hommes, & que Jeſus-Chriſt, par les tourmens de la Croix, les délivreroit des tourmens de l'enfer ; que comme ſouverain Pontife *il entroit*, non dans le Saint des Saints fait de main d'homme, *mais dans le Ciel* meſme ; *couvert*, non du ſang des animaux, *mais du ſien propre*, pour ſe preſenter en cet état, tout enſanglanté, devant la face de ſon Pere, afin d'appaiſer ſa colere contre nous, par l'Oblation d'une telle *Hoſtie*, & nous ſervir d'Avocat auprés de ce Pere, qui deſarmé à cet aſpect, ne peut plus rien refuſer. Que ſi Jeſus-Chriſt mourut dans un ſi grand abandon, & dans de ſi extrêmes ſouffrances, c'eſt que Dieu vouloit donner au monde en la perſonne de ſon Fils, l'image d'une vertu accomplie, qui n'a rien ſur la terre, & dont les hommes ne recompenſent les bienfaits que par de continuelles perſecutions. Jeſus-Chriſt meurt ſans trouver, ny reconnoiſſance dans ceux qu'il oblige, ny fidelité dans ſes amis, ny équité dans ſes Juges, ny compaſſion dans ſes bourreaux : Son innocence, quoy que reconnuë, ne le ſauve pas, & ne luy donne pas ce foible ſecours, que de le délivrer du dernier ſupplice : Son Pere meſme, en qui ſeul il avoit mis ſes eſperances, retire toutes les marques de ſa protection ; le Juſte eſt livré à ſes ennemis, & il meurt abandonné, en un ſens, de Dieu & des hommes, pour nous racheter de l'abandon éternel de Dieu que nous avions merité. D'ailleurs, il falloit faire voir à l'homme de bien, que dans les plus grandes extremitez, il n'a besoin d'aucune consolation humaine, ny mesme d'aucune marque sensible du secours divin : qu'il aime seulement, & qu'il se confie, asſuré que Dieu pense à luy, sans luy en donner aucun témoignage exterieur, & qu'une éternelle felicité luy est reservée. Telle est la haute leçon que Jesus-Christ nous fait sur la Croix, ou plûtost sur cette Chaire mysterieuse, de laquelle il prêche si sublimement toutes les vertus, où il les porte dans le dernier degré de perfection, & où il accepte la mort en esprit *de Religion*, s'offrant en sacrifice à son Pere; *de Penitence*, satisfaisant à la Justice divine pour nos pechez; *de Charité*, nous procurant la vie; *de Sainteté*, se separant de ce monde corrompu, & se retirant dans le sein de son Pere.

ABraham, âgé de cent ans, apprenant de l'Ange qu'il auroit un fils de Sara, sterile & nonagénaire, se mit à rire dans son cœur.

Que me figure, Seigneur, ce ris mysterieux, qui le premier soit rapporté dans l'Ecriture depuis la chute d'Adam, sinon le Sauveur du monde si promis, si prédit, & si attendu, qui par sa naissance du sein de la Synagogue décrepite, devoit estre la joye du Genre humain, l'épanoüissement & le ris de toute la nature absorbée jusqu'alors dans l'affliction & les larmes de la mort & du peché: Faites, mon Dieu, que comme j'ay j'ay esté le sujet de vostre tristesse sur la Coix, où vous m'avez enfanté dans la douleur, vous me soyez un éternel sujet de joye dans le Ciel, que vous m'avez ouvert par vostre tristesse.

JOseph voulant faire benir ses deux fils par Jacob son Pere mourant & aveugle, met l'aîné à la droite, & le cadet à la gauche de ce Patriarche, qui éclairé d'une lumiere Prophetique, croise les bras; & contre la disposition de Joseph moins clair-voyant, change l'ordre naturel des Benedictions.

Divin Esprit, qui perçant dans la nuit de tant de Siecles avenir, marquâtes dés-lors le Mystere de la Croix, en qui le Gentil, préferablement au Juif, devoit estre beny : Eclairez-nous des mesmes lumieres dans le déclin des temps, nous faisant voir dans la clarté des Mysteres accomplis, ce que les Anciens ont vû dans l'obscurité des Mysteres futurs; c'est à dire, qu'il n'y a point de benediction paternelle à esperer pour nous dans les grandeurs de l'Egypte, mais uniquement dans les humiliations de la Croix.

SIXIE'ME CONSIDERATION.

Aprés que Jesus-Christ eut expiré, & sur les six heures du soir, un Soldat luy perça d'un coup de Lance le Costé, d'où découla du sang & de l'eau : ce qui signifioit les choses suivantes. 1°. *Les Mysteres* de nostre *Redemption* & de nostre *Regeneration*, qui venoient de s'accomplir, & *les Sacremens* qui nous purifient dans le Sang de

Jesus-Christ, qui sortirent de ce costé ouvert, comme la Colombe de la fenestre de l'Arche, & dont il a enrichy son Eglise : & particulierement *le Baptême*, qui nous fait naistre à la vie de la grace : & l'*Eucharistie*, qui conserve & perfectionne cette vie, & nous donne les arrhes de la gloire, qui venoient de s'établir. 2°. *L'Eglise*, ou la nombreuse multitude des Peuples fideles, dont l'Eau est le Symbole, qui fut formée du costé de ce nouvel Adam, endormy sur la Croix, & qu'il a acquise au prix de son Sang, à laquelle il venoit de s'unir, le Sang de Jesus-Christ estant inseparable de son Eglise, & l'Eglise de son Sang. 3°. *Le Baptême d'Eau, & le Baptême de Sang ;* l'un pour servir pendant la Paix, & l'autre pendant la Guerre de l'Eglise, dit un Saint. 4°. *La verité* de la nature humaine en Jesus-Christ : En effet, les composez se resolvant naturellement dans les principes qui les composent, & le corps humain estant composé de quatre élemens, & de quatre humeurs correspondantes, il est visible que celuy de Jesus-Christ se resolvant en élemens & en humeurs, c'est à dire, en eau & en sang, estoit un veritable corps humain. 5°. *La realité de sa Mort*, car la vie residant dans le sang, il ne pouvoit prouver plus efficacement qu'il avoit perdu la vie pour nous, qu'en faisant voir qu'il avoit répandu tout son Sang, jusques à la derniere goute, & jusqu'à celuy que la nature eût pû conserver dans le cœur, comme dans son dernier & plus intime reservoir, que le fer inhumain alla ouvrir pour luy donner cours. 6°. *L'excés de son amour*, puisqu'au défaut de sang naturel, il en produisit de miraculeux,

& que devenu Chriſt à double titre, il fut oint de ſon Sang répandu ſur tout ſon Corps, aprés l'avoir eſté de la Grace inondant ſon Ame; ne demandant rien pour tant de ſang qui efface le peché de la volonté de l'homme, ſinon que l'homme n'efface pas de ſa memoire un ſi grand bienfait; & que tout le ſang de ſes veines s'eſtant écoulé pour nous, il ſubſtituoit par un prodige ſans exemple, une autre liqueur en la place du ſang, comme pour dire: *Je n'en ay plus*; & que ce qui eſtoit aſſez pour noſtre ſalut, n'eſtoit pas aſſez pour ſon amour. D'où vient qu'un Saint a dit, qu'à travers ſes playes il voyoit ſon cœur, & qu'il en eſtoit ſorty, non du ſang qui criât vengeance, mais du baume qui donne la vie. Telle fut la charité de Jeſus-Chriſt, à laquelle rien ne peut eſtre égal, que la dureté de ceux qui le firent mourir: car, comme obſervent les Saints, la rage du demon fut moindre que la cruauté du Juif: En effet, le diable doute ſeulement ſi Jeſus-Chriſt eſt le Fils de Dieu; le Juif proteſte hardiment qu'il ne l'eſt pas, & l'accuſe de blaſphême, pour avoir dit qu'il l'eſtoit; le diable luy preſente des pierres pour en faire du pain dans ſon beſoin; c'eſtoit à mauvais deſſein, il eſt vray; mais le Juif prend des pierres pour le lapider, & l'abreuve de Fiel & de Vinaigre dans ſa ſoif; le diable luy propoſe de ſe jetter du Pinacle en bas, ſous pretexte que les Anges le ſoûtiendront; le Juif le traîne pour le precipiter du haut de la Montagne de Nazareth; le demon luy offre des honneurs & des richeſſes, il l'appelle Saint, il luy veut perſuader de conſerver ſa vie, du moins il l'abandonne quand il expire; le Juif le couvre d'opprobres; il le dépoüille de tout, mesme de ses habits; il publie qu'il est un Pecheur, un Publicain, un Seducteur, un Possedé; il ose le crucifier; il perce son Corps déja mort, & déchire sa reputation par le glaive de la médisance, aprés mesme sa Resurrection. Aprés cela, faut-il s'étonner de l'abandon de ce Peuple malheureux, de son aveuglement, & de son obstination à ne vouloir pas reconnoistre celuy que toute la terre a reconnu, à attendre celuy que tout le monde a reçû, & à rejetter encore tous les jours celuy qui se presente tous les jours à eux depuis plus de 1700. ans? Qu'attends tu, Juif incredule, s'écrie saint Jerôme, tu commis plusieurs crimes du temps de tes Juges: ton idolatrie te rendit esclave des Nations voisines, mais Dieu prit bien-tost pitié de toy, & ne tarda pas à t'envoyer des Sauveurs. Ton impieté n'estant pas moindre sous tes Rois, Babylone ravagea ton Païs, & le reduisit en une affreuse solitude; mais tes abominations furent expiées par soixante-dix ans de captivité. Cyrus envoyé de Dieu te rendit ta Patrie: & Darius releva ton Temple, tes Autels & tes Sacrifices. A la fin Vespasien & Tite ont de nouveau rasé ta Ville & ton Temple. Adrien, cinquante ans aprés, a achevé de t'exterminer: & il y a prés de quatre cens ans que toute la Judée n'est qu'un amas de ruïnes, & que tu gemis dans l'oppression, sans apparence de secours. Qu'as-tu fait, Peuple ingrat? esclave dans tous les Païs, & de tous les Princes, tu ne sers point les Dieux étrangers: Comment Dieu qui t'avoit élû, t'a-t-il oublié, & que ſont devenuës ſes anciennes miſericordes? Quel crime, quel attentat plus grand que l'idolatrie, te fait ſentir un chaſtiment que jamais tes idolatries ne t'avoient attiré? Tu te tais? tu ne peux comprendre ce qui rend Dieu ſi inexorable? ſouviens-toy de cette parole de tes Peres: *Son Sang ſoit ſur nous, & ſur nos enfans:* & encore: *Nous n'avons point d'autre Roy que Ceſar.* Le Meſſie ne ſera pas ton Roy, garde bien ce que tu as choiſi; demeure l'eſclave de Ceſar & des Rois, juſqu'à ce que la plenitude des Gentils ſoit entrée, & qu'enfin tout Iſraël ſoit ſauvé. Tel eſt le diſcours de ce grand Docteur.

THamar enfantant *Pharez*, qui veut dire *diviſion*; & *Zara*, qui veut dire, *Orient*: Zara ſort la main, que la Sage-femme lie d'un cordon rouge, diſant, celuy-cy viendra le premier: Mais il retire incontient la main, & Pharez naît, puis Zara; & cela au temps que le Gentil devenant idolatre, ſe ſepara du Juif fidele, & que celuy-cy vendit Joſeph aux Iſmaëlites.

Je reconnois, Seigneur, dans ces deux jumeaux, les deux Peuples, qui tour à tour devoient venir à la lumiere de la Foy: Le Gentil dans l'état de nature, paroiſt d'abord en la perſonne de quelques Juſtes, mettre ſon eſperance au Sang de ſon Sauveur, mais preſque auſſi toſt il ſe retire dans le ſein obſcur de l'infidelité, emportant neanmoins avec ſa foy en voſtre Paſſion, le ſigne de ſon retour, & le gage de ſa redemption future. Le Juif naît enſuite, & croit le premier en vous, mais rebuté du Myſtere de la Croix dont il ne porte aucune marque, il eſt ſupplanté par le Gentil qui le ſuit, & qui revient avec ſon ancien droit d'aîneſſe, & ſa premiere confiance en vos douleurs.

RAab, femme infidele, reçoit chez elle les Envoyez de Joſué prêt de paſſer le Jourdain, & d'introduire les Iſraëlites dans la terre promiſe : & attachant un ruban rouge à ſa feneſtre, elle ſe ſauve avec ſa famille, du ſac de Jericho ſa Ville, & eſt aggregée au Peuple de Dieu.

Sauveur du monde, vray Joſué, qui par le Baptême donnez entrée au Royaume de Dieu, ſauvez l'Egliſe des Nations inſtruite par vos Apoſtres, & empourprée de voſtre Sang; & à ce ſignal conſervez-la au milieu des cendres de la Synagogue inconſtante, dont les Propheties, le Sacerdoce, & la Loy ſont déja comme éteintes en la perſonne de Marie, d'Aaron, & de Moïſe, morts dans le Deſert, & l'incorporez au Corps myſtique dont vous eſtes le Chef.

Mais il faut expliquer toutes les circonſtances de la Paſſion du Sauveur.

Cette Couronne montre ſa Royauté ſur les Ingrats qui le font mourir, & ſon triomphe ſur le peché.

Ces Epines, que les Juifs & les Pecheurs luy ſont un Royaume ennemy, revolté, ſterile, & qu'il annulle l'Arreſt qui nous releguoit en une terre chargée d'épines. D'où vient l'ancienne averſion des premiers Chrêtiens pour les Couronnes de Fleurs, & les Fleurs mêmes, inſtruits que la veritable grandeur conſiſte à regner ſur la chair crucifiée.

Ce Roſeau creux, ſec & rompu, leur Loy ſans fruit, & leur ame vuide de charité, ſeiche, morte, aride, ſans action ny vertu, & inutile qu'à brûler.

Cette Flagellation ſur le dos, qu'il veut oublier nos crimes quand nous nous tournons vers luy, ou nous reprocher nos ingratitudes quand il ſe retire de nous.

Ces Larmes interdites aux perſonnes pieuſes, qu'il veut boire le Calice juſqu'à la lie, ſans admettre cette eſpece de ſoulagement qu'on goûte dans la commiſeration des amis, & que pour arreſter nos impatiences & nos murmures, il faut recourir à la main qui s'appeſantit ſur nous.

Ces Bras étendus, qu'il embraſſe tous les hommes, & qu'il les aime à proportion de ce qu'ils luy coûtent.

Ces Mains percées, qu'il répand ſes graces ſur eux.

Ce Coſté ouvert, qu'il les admet dans ſon cœur.

Ces Pieds cloüez, qu'il ne les quittera plus.

Cette Societé de Voleurs, & ces Tombeaux ouverts, qu'il enleve la proye au demon, & à la mort, & qu'il reſtituë à Dieu la gloire que l'Ange & l'Homme avoient voulu luy ravir & dérober.

Cette Elevation à la Croix, qu'il veut eſtre vû de tout le monde; & que ſi nous nous égarons aprés cela, ce ſera noſtre pure faute, ayant un tel guide devant les yeux; & de là preſcher ſans ceſſe le Genre humain, luy apprenant que ce qu'il approuve là, doit le ſauver, & que ce qu'il y condamne doit le perdre; & devenir le Mediateur entre Dieu & l'Homme, le Ciel & la Terre, de laquelle il veut nous détacher; &

estre un sujet de meditation continuellement exposé à nos yeux; nous montrer, & ce que nous avions merité, & de quoy il nous a délivrez; où nous trouverons le remede à la morsure du Serpent infernal, & au poison du Fruit défendu, & de l'Arbre qui le porta; quelle sera la grandeur de la gloire acquise à un tel prix, & quelle eût esté la grandeur du supplice expié par un tel tourment; qu'il ne faut plus apprehender la mort, sous quelque visage affreux qu'elle se presente; ny craindre d'annoncer publiquement, & sans ménagement le Mystere de la Croix; dont les quatre extremitez ont fait sentir la vertu au Ciel, aux enfers, & aux confins de l'Univers, & porté le prix de la Redemption du monde entier.

Cette Nudité, que comme le vray Noé enyvré d'amour pour l'Eglise, cette Vigne mystique qu'il a plantée & arrosée de son Sang, il s'est endormy dans le Tabernacle de sa Chair mortelle, & a découvert la honte de nostre nature. Malheur au Juif, cet enfant impie & incredule, qui s'est mocqué de son Pere assoupy sur la Croix, parce qu'il n'a vû en luy que l'ignominie de l'humanité: Il sera maudit par ce Pere éveillé du Tombeau, & le Gentil fidele & respectueux beny.

Ce Pardon que Jesus-Christ accorda à ses ennemis; la Priere qu'il fit, & l'excuse qu'il apporta pour eux: le nom de criminels & de crimes qu'il ne donna, ny à leurs personnes, ny à leurs actions, quoy qu'il intercedât pour le salut des plus méchans d'entre les Pecheurs, & pour la remission du plus grand des attentats,

tats, (ſans doute pour ne rien inſerer dans ſa Priere qui accuſât les hommes, ny qui excitât l'indignation de ſon Pere contre eux :) & ce qu'il n'en marqua, ny n'en exclut aucun en particulier, pour les y comprendre tous, & tous leurs crimes, fait voir un fonds de charité, & une étenduë de bonté au deſſus de tout ; il ne les regarda que par l'endroit qui pouvoit donner quelque compaſſion d'eux : Il faiſoit attention, non qu'il mouroit *par eux*, mais qu'il mouroit *pour eux*, dit un Pere. Il attendit à eſtre ſur la Croix comme une Victime ſur l'Autel, pour y crier miſericorde en leur faveur ; ce furent les premieres paroles qu'il y profera, & le premier ſoin qui l'y occupa, & qui devança meſme celuy qu'il vouloit prendre de ſa benîte Mere, afin de nous enſeigner qu'il ſongeoit premierement au ſalut de ceux d'entre les hommes qui en avoient le plus beſoin : Qu'ainſi les plus miſerables devoient eſtre les premiers objets de noſtre charité ; & qu'au reſte, ny l'inégalité de ceux qui nous offenſent, ny la grandeur de leur malice, ny leur ingratitude, ny le mal qu'ils nous font, ny leur implacable haine, ne ſont plus des raiſons ſuffiſantes à un Chreſtien pour ne pas pardonner.

Ce Champ d'Argile deſtiné à la ſepulture des Pelerins, & acheté de l'argent dont Jeſus-Chriſt fut vendu, ſignifie que ce divin Reparateur de l'homme, achete par ſon Sang de quoy refaire ſon ouvrage formé d'abord de terre rouge, & que les Gentils étrangers des Teſtamens divins, ſeroient le prix de ſa mort, lors qu'enfin fatiguez des ouvrages de terre & de bouë dont ils se faisoient des Idoles, & devenus, non des Habitans, mais des Pelerins en ce monde, ils chercheroient leur repos en sa mort.

Par une vûë encore plus haute, cet achat d'un champ par les Juifs, sur le point de leur dispersion, de l'heritage de Dieu, figuré par celuy de Jeremie à la veille de leur transmigration en Babylone, découvre & présage leur retour futur dans la terre & la foy de leurs Peres, lors qu'à la fin du monde, d'Etrangers & de Pelerins qu'ils estoient devenus par leur incredulité, ils deviendront les Heritiers & les Enfans de celuy dont ils ont vendu le Sang: retour dont cet achat est une espece d'assurance & de titre.

DEux Israëlites envoyez par Moïse pour reconnoître la Terre promise, rapportent sur un Levier la branche d'un sep de Vigne, où pend une grappe de raisin d'une grosseur extraordinaire.

Ces deux hommes, Seigneur, me representent les deux Peuples qui devoient porter vostre joug: le Juif precede & passe le premier dans l'ordre des temps; il vous prédit, & il vous promet: mais comme il n'attend de vous qu'une grandeur temporelle, il vous méconnoist quand vous venez pauvre & humilié, & il vous tourne le dos. Le Gentil suit, & vous considere attaché au Bois de la Croix, d'où, comme de dessous un pressoir sacré, découle ce Vin mysterieux qui guerit ses playes, & qui l'enyvre, luy faisant oublier ses maux, & perdre la raison humaine, pour luy faire embrasser la folie de la Croix. Il comprend en vous regardant, qu'il faut boire au Calice de vos humiliations, auparavant que de goûter à ce vin nouveau que vous promettez à vos Elûs, quand vous les aurez introduits dans la Terre promise, & fait asseoir à cette Table celeste, dont les délices spirituelles ne se trouvent que quand on tourne le dos aux voluptez sensuelles.

UNe femme Egyptienne jette un œil de convoitise sur le chaste Joseph, qui veut dire Sauveur; il s'enfuit d'elle, & ne luy laisse entre les mains que son manteau, dont cette méchante se sert pour l'accuser & pour le perdre.

Que nous represente cette malheureuse, Seigneur, sinon la Synagogue infidelle, qui ne chercha en vous son Sauveur si desiré, que des biens charnels : vous luy échapez, ô Epoux chaste, au milieu de ses embrassemens impurs, & elle ne retient de vous qu'un vêtement enrichy de frange, c'est à dire, les ornemens de vostre Loy, dont elle se sert pour vous combattre, & pour vous condamner.

DERNIERE CONSIDERATION.

Les Juifs, aprés que le Corps adorable de Jesus-Christ eut esté mis dans le Tombeau, en fermerent l'entrée avec une pierre d'une grosseur extraordinaire, ils la scellerent avec du fer, ils y mirent leur sceau, & enfin des Soldats pour le garder soigneusement pendant trois jours : En un mot, ils n'obmirent aucune précaution, de peur, disoient-ils, que les Disciples de Jesus-Christ ne vinssent enlever son Corps en cachette, & ne publiassent ensuite qu'il fût ressuscité, ainsi qu'il avoit prédit qu'il seroit le troisiéme jour aprés sa mort : mais en effet, la Providence le permit ainsi, pour rendre par là le Mystere de la Resurrection plus incontestable & plus éclatant. Icy considerez combien la malice du peché qu'on commet si aisément est énorme, puisque pour estre expiée elle a eu besoin d'un tel remede; combien la Justice de Dieu est severe, puisqu'elle a exigé une telle satisfaction ; combien la valeur des ames est grande, puisqu'un moindre prix que le Sang d'un Dieu n'auroit pas suffi pour les racheter ; combien puissante a esté la vertu de la Croix, puisque par elle, la Mort, le Diable & l'Enfer ont esté vaincus & dépoüillez, & le peché détruit. Prions le Seigneur, qu'à la vûë de sa Passion, il touche nos cœurs de compassion, de reconnoissance, de confiance, d'imitation, d'amour, de contrition ; & que nostre cœur se fende de douleur, pour en faire sortir le peché : Excitons-nous à la pratique des vertus qui ont le plus éclaté dans la Passion du Sauveur ; de l'Humilité ; de l'Obéïssance ; de la Patience ; de la Charité ; de la Douceur : Car, *quelle patience* a plus souffert ? *quelle humilité* s'est davantage abaissée ? *quelle obéïssance* s'est soumise à des choses aussi difficiles ? *quelle douceur* a esté aussi inalterable ? *quelle charité* a donné plus de sang ? Toute chair avoit corrompu sa voye, Jesus-Christ la purifie par l'immolation de toute la sienne. Cherchons le vray remede à nos vices ou blessures spirituelles, considerant

Jeſus-Chriſt en Croix, comme autrefois les Iſraëlites mordus des Serpens, regardant le Serpent élevé dans le Deſert : En effet, *quelle avarice* ne ſera pas guerie par cette nudité ? *quelle orgueil* par cette humiliation ? *quelle luxure* par cette flagellation ? *quelle colere* par cette douceur ? *quelle envie* par cette bonté ? *quelle pareſſe* par ces travaux ? *quelle intemperance* par ce fiel & ce vinaigre ? Rendons nos ſouffrances meritoires, en les acceptant avec amour, & les uniſſant à celles du Sauveur. Car, eſt-ce adorer utilement la grandeur qui nous a eſté meritée par tant d'humiliations, que de n'imiter pas l'humilité qui nous a procuré tant de grandeurs, puiſqu'aprés tout, le fonds de la Religion conſiſte à imiter ce qu'on revere ? On ſe proſterne dés qu'on entend l'Apoſtre qui dit : Que tout genoüil fléchiſſe au Nom de Jeſus : Mais qui renonce à ſon orgueil quand on entend le meſme Apoſtre dire : Entrez dans les meſmes ſentimens qu'a eu Jeſus-Chriſt humilié, aneanty, obéiſſant, & obéiſſant juſqu'à la mort de la Croix ? On veut bien adorer Jeſus-Chriſt crucifié ; mais qui veut eſtre crucifié avec luy ? Reſpecter ſa Croix, mais qui veut ſouffrir & porter la ſienne ? Admirer ſon obéiſſance, mais qui ſe ſoumet ? On ſolemniſe la memoire de ſa Mort & de ſa Reſurrection, mais qui meurt à ſoy-meſme, & qui mene une vie nouvelle ? C'eſt ainſi que la Paſſion eſt une ſource de tous *bons ſentimens* ; un modele de *toutes vertus* ; un remede à *tous vices* ; un fonds inépuiſable de *tous merites* ; mais pour les vrais Imitateurs du grand Modele expoſé ſur le Calvaire. Mourons de douleur, de ce que par les pechez que nous avons commis, nous ſommes cauſe de la Mort de Jeſus-Chriſt; par l'abus que nous avons fait de ſes graces, nous avons rendu vain & inutile le fruit de ſa Paſſion; par noſtre indevotion nous avons profané les Sacremens par leſquels les merites de ſa Mort nous ſont appliquez; par nos ſcandales nous avons perdu le prochain, pour lequel Jeſus-Chriſt eſt mort. Exprimons en nous interieurement, ce qui parut exterieurement à la Mort du Sauveur. *Le Soleil s'obſcurcit*, banniſſons la joye, & que la triſteſſe & le deüil paroiſſent ſur noſtre viſage; la *Terre trembla*, fremiſſons de crainte à la vûë de ce grand Sacrilege; de nos pechez; de la Juſtice de Dieu, & de la rigueur de ſes Jugemens; *les pierres ſe fendirent:* briſons nos cœurs par une contrition parfaite; *le voile du Temple ſe déchira*, ôtons tout reſpect humain, & mettons bas tout pretexte & toute conſideration terreſtre; *les Sepulcres s'ouvrirent*, ouvrons nos cœurs & nos bouches dans la Confeſſion; *les Morts reſſuſciterent*, ſortons de la Semaine Sainte animez du deſir de mener une vie ſainte & celeſte; puiſons dans le ſacré Tombeau du Sauveur, la grace qui nous fait mourir au peché, & revivre en Jeſus-Chriſt: car, *par le Baptême* nous entrons dans le Sepulcre avec luy; mais nous ſommes envelоppez dans ſon Suaire, morts & enſevelis avec luy, & entez en luy, *dans le Myſtere de ſa Sepulture*, pour prendre enſuite vie & racine en luy, germer, reſſuſciter, revivre, & fructifier avec luy, joüiſſant d'une vie toute nouvelle & divine en luy. Tel eſt le mélange myſterieux de Jeſus-Chriſt enſevely, & du Chreſtien mort, & le commencement de l'aimable confusion par laquelle il demeure en nous par l'impression de sa mort, & nous en luy par l'imitation de sa vie : car, si les anciennes Ecritures portoient que Jesus-Christ devoit mourir pour nous, les nouvelles Ecritures portent que nous ne devons vivre que pour luy ; il a remply sa prédiction, remplissons la nostre : Detestons cet amour propre qui nous rend odieux à Dieu & aux hommes, & ne soyons pas comme les anciens Chrestiens relaschez, qui à force de s'aimer eux-mesmes, n'estoient plus aimez de personne, dit un grand Saint.

Fevrier 1707.

APPROBATION.

J'Ay lû par l'ordre de Monseigneur le Chancelier, les Homelies Latines & Françoises sur les Dimanches & autres jours de l'année, composées par Monsieur le Curé de Saint Sulpice, que j'ay trouvées & d'une saine doctrine, & tres-propres à instruire & à inspirer la pieté & la pratique de toute sorte de vertus. Donné en Sorbonne ce quatriéme Fevrier mil sept cens six.

BOURRET.

PRIVILEGE DU ROY.

LOUIS par la grace de Dieu, Roy de France & de Navarre; A nos amez & feaux Conseillers les gens tenans nos Cours de Parlement, Maîtres des Requestes ordinaires de nôtre Hôtel, Grand-Conseil, Prevôt de Paris, Baillifs, Senechaux, leurs Lieutenans Civils, & autres nos Justiciers qu'il appartiendra; SALUT. Le Sieur DE LA CHETARDIE Curé de saint Sulpice, Nous ayant fait remontrer qu'il desireroit donner au Public un Livre de sa composition, intitulé, *Homelies sur les Dimanches & autres jours de l'année, tant en Latin qu'en François*; s'il nous plaisoit luy accorder nos Lettres de Privilege sur ce necessaires: Nous luy avons permis & permettons par ces Presentes, de faire imprimer ledit Livre en telle forme, marge, caractere, & autant de fois que bon luy semblera; & de le faire vendre & debiter par tout nôtre Royaume, pendant le temps de cinq années consecutives, à compter du jour de la datte desdites Presentes; Faisons défenses à toutes sortes de personnes de quelque qualité & condition qu'elles puissent estre, d'en introduire d'impression étrangere dans aucun lieu de nôtre obéissance; & à tous Imprimeurs-Libraires & autres, d'imprimer, faire imprimer, & contre-faire ledit Livre, en tout ni en partie, sans la permission expresse & par écrit dudit Sieur Exposant, ou de ceux qui auront droit de luy, à peine de confiscation des exemplaires contrefaits, de quinze cens livres d'amande contre chacun des contrevenans, dont un tiers à Nous, un tiers à l'Hôtel-Dieu de Paris, l'autre tiers audit Sieur Exposant, & de tous dépens, dommages & interests; à la charge que ces Presentes seront enregistrées tout au long sur le Registre de la Communauté des Imprimeurs & Libraires de Paris, & ce dans trois mois de la datte d'icelles: Que l'impression dudit Livre sera faite dans nôtre Royaume & non ailleurs, & ce en bon papier & en beaux caracteres conformément aux Reglemens de la Librairie; & qu'avant de l'exposer en vente, il en sera mis deux exemplaires dans nostre Bibliotheque publique, un dans celle de nostre Chasteau du Louvre, & un dans celle de nostre tres-cher & feal Chevalier Chancelier de France, le Sieur Phelypeaux, Comte de Pontchartrain, Commandeur de nos ordres. Le tout à peine de nullité des presentes, du contenu desquelles, vous mandons & enjoignons de faire joüir l'Exposant, ou ses ayans cause, pleinement & paisiblement, sans souffrir qu'il leur soit fait aucun trouble ou empêchement. Voulons que la copie desdites Presentes qui sera imprimée au commencement ou à la fin dudit Livre, soit tenuë pour dûement signifiée, & qu'aux copies collationnées par l'un de nos amez & feaux Conseillers & Secretaires, foy soit ajoutée comme à l'original. Commandons au premier nôtre Huissier ou Sergent de faire pour l'execution d'icelles, tous Actes requis & necessaires, sans demander autre permission, & nonobstant clameur de Haro, Chartre Normande & Lettres à ce contraires: CAR tel est nostre plaisir. DONNE' à Versailles le vingtiéme jour de Fevrier, l'an de grace mil sept cens six, & de nostre Regne le soixante-troisiéme. Par le Roy en son Conseil, LE COMTE.

Registré, ainsi que la Cession, sur le Registre de la Communauté des Libraires & Imprimeurs de Paris, page 78. Numero 161. conformément aux Réglemens; & notamment à l'Arrest du Conseil du 13. Aoust 1703. A Paris le 26. Fevrier 1706.

Signé, GUERIN, Syndic.

Ledit Sieur Curé a cedé son droit au present Privilege à Raymond Mazieres, Marchand Libraire, pour en joüir en son lieu & place.

www.ingramcontent.com/pod-product-compliance
Ingram Content Group UK Ltd.
Pitfield, Milton Keynes, MK11 3LW, UK
UKHW022126170726
13837UKWH00003B/1384